अज्ञेय का कवि-कर्म

रमेश चन्द्र शाह

वाणी प्रकाशन

वाणी प्रकाशन

4695, 21-ए, दरियागंज, नयी दिल्ली 110 002

शाखा

अशोक राजपथ, पटना 800 004

फ़ोन: +91 11 23273167 फ़ैक्स: +91 11 23275710

www.vaniprakashan.in
vaniprakashan@gmail.com

AJNEYA KA KAVI-KARM
by Ramesh Chandra Shah

ISBN : 978-93-5072-152-0
Criticism

प्रथम संस्करण

मूल्य : ₹ 150

ओम ऑफ़सेट, दिल्ली-110093 में मुद्रित

वाणी प्रकाशन का लोगो मक़बूल फ़िदा हुसेन की कूची से

अनुक्रम

आलोचक राष्ट्र के कवि-चिन्तक अज्ञेय	7
अज्ञेय का कवि-कर्म	15
अज्ञेय का स्वातन्त्र्य-विमर्श	27
अज्ञेय को पढ़ना-समझना क्यों ज़रूरी है?	36
हिन्दी साहित्य में अज्ञेय का योगदान	44
आलोचक राष्ट्र का निर्माण : परिकल्पना और यथार्थ	55

आलोचक राष्ट्र के कवि-चिन्तक अज्ञेय

नयी कविता के दौर में मुक्तिबोध ने तत्कालीन रचना में एक तरह के गतिरोध के लक्षण देखे थे और उसके लिए एक नाम भी सुझाया था—'जड़ीभूत सौन्दर्याभिरुचि'। ऐसा लगता है कि परवर्ती कविता के दौर में एक-दूसरे प्रकार के गतिरोध के लक्षण प्रकट होने लगे थे, जिसे यूँ किसी ने कोई नाम नहीं दिया—किन्तु आज की कविता बिना उस गतिरोध के प्रति यथातथ्य सचेत हुए, उससे उबरने की छटपटाहट में है। इस दूसरे और पहले वाले गतिरोध से कहीं अधिक गहरे गतिरोध को उत्पन्न करने वाली वस्तुस्थिति को क्या उसके सही नाम से नहीं पुकारा जा सकता?

अभी हाल ही की बात है : यहीं भोपाल में केन्द्रीय साहित्य अकादेमी की ओर से काव्यपाठ और कथापाठ के सत्र आयोजित किये गये थे, उनमें से पहले सत्र में इन पंक्तियों के लेखक को भी काव्यपाठ करना था। चूँकि सत्र की अध्यक्षता भी वही कर रहा था, अतः उसे लगा, संक्षिप्त ही सही, कुछ तो अध्यक्षीय कर्त्तव्य का निर्वाह भी उसे काव्यपाठ के साथ-साथ करना ही चाहिए। तो, पता नहीं, कैसे, बिना किसी पूर्व योजना या तैयारी के उसके मुँह से निकल पड़ा—'जड़ीभूत सत्याभिरुचि'। अकस्मात् लगा कि पिछले दो-तीन दशकों से जिस तरह की कविता—इस दौर की मुख्य धारा की तरह—निर्बाध और अ-प्रश्न आत्मतुष्टि के साथ स्वीकृति पाती रही है, उसे परिभाषित करने के लिए तथा उसकी सीमाओं का भी कुछ संकेत उभारने के लिए यह नामांकन सटीक है। 'तारसप्तक' में शामिल—अज्ञेय की एक कविता—यहाँ अनायास याद आ रही है, जिसमें हिन्दी साहित्य के विभिन्न दौरों की काव्यधाराओं का व्यंग्यपूर्ण चित्रण किया गया है। उसमें ख़ासतौर पर वीरगाथाकाल वाली व्यंग्यात्मक टिप्पणी इस सिलसिले में याद आ रही है :

गा गया सब राजकवि, फिर राजपथ पर खो गया
गा गया चारण, शरण फिर शूर की आकर निरापद सो गया।

चाहे कोई भी, कैसा भी काल क्यों न हो, साहित्यकार के लिए किसी के आसरे निरापद सोना न तो सम्भव है, न वांछनीय। चाहे वह आसरा किसी शूर का हो, चाहे किसी विचारधारा का। यों कवियों से एक ख़ास तरह की बुद्धिमत्ता की अपेक्षा तो सभी कालों के सभी समाजों को रही है, किन्तु आज इस अपेक्षा का रूप ही एकदम बदल गया है। अपेक्षा तो आज भी उस ख़ास रागोतीर्ण बुद्धिमत्ता की ही है, किन्तु वह कैसी बुद्धिमत्ता (विज़्डम) होगी, जो आज की साँचों-ढली थ्योरी-ग्रस्त बुद्धि की जकड़बन्दियों से भी मानवीय पुरुषार्थ को उबार सके—उसे इस चतुर्दिक व्याप्त 'वर्चुअल रिएलिटी' (मायावी यथार्थ) की छिछली उथली घनी चौंध से मुक्त होने का मार्ग दिखा सके?

यह प्रश्न मुझे लगता है, दोधारा है : यह काव्य पर भी उतनी ही निर्ममता से लागू होता है, जितना दर्शन सरीखे ज्ञानात्मक अनुशासनों पर। यह निरा संयोग नहीं हो सकता कि इस परिस्थिति की सबसे ज़्यादा जागरूक और जिम्मेदार प्रतिक्रियाएँ साहित्य क्षेत्र में कार्यरत बुद्धि की ओर से ही सम्भव हुई हैं। जैसे अज्ञेय की यह प्रसिद्ध टिप्पणी दर्शन की दुरवस्था पर, कि—"मानव मात्र की दीनावस्था क्या यान्त्रिकी की विजय का परिणाम है कि दर्शन की दुरवस्था का? मानव क्या फिर से दर्शन को उबार सकता है कि दर्शन मानव को उबार सके?" ध्यान देने की बात है कि जिस तरह की चिन्ताएँ पूर्व-युगों में दार्शनिकों और धर्मतत्त्वज्ञों की ओर से व्यक्त की जाती रही थीं—वैसी और उस कोटि की चिन्ताएँ पिछले 50 वर्षों के दौरान सर्जनात्मक और आलोचनात्मक क्षेत्र में सक्रिय प्रतिभाओं के यहाँ कार्यरत दिखाई देती हैं। ऐसा क्यों? एक ज्ञानात्मक अनुशासन के रूप में साहित्य इस बीच पहले की तुलना में कहीं अधिक आत्मचेतन और जागरूक साबित हुआ है, इसका क्या कारण है?

इसका भी क्या कारण है कि हम भारतीय लेखक—यानी पिछली एक सदी में साहित्य क्षेत्र में सक्रिय वे लोग, जो हज़ार वर्षों की गुलामी से उत्पन्न सांस्कृतिक आत्मविश्वासहीनता और जड़ीभूत औपनिवेशिक मानसिकता से उबरने की छटपटाहट के भीतर से ही आधुनिक विश्व में अपनी सही जगह पहचानने और बनाने की जद्दोजहद में पड़े रहे हैं,—क्या कारण है कि हम पश्चिम के साहित्यकारों से तो सहज सम्बन्ध अनुभव करते हैं, उनसे प्रेरणा भी पाते हैं, उन्हें अपनी खोज में सहयात्री की तरह महसूस भी करते रहे हैं, किन्तु पश्चिम के धर्म और दर्शन के साथ न केवल वैसी निकटता हमें महसूस नहीं होती रही, बल्कि वह हमें अपने लिए अधिकांशतः ग़ैरज़रूरी और बेमेल भी लगती रही। बेशक, हमने अपने खुले गुणग्रहणप्रवण संस्कार के चलते उसके भी एक अंश को अपनी हार्दिक और बौद्धिक सहानुभूतिपूर्ण स्वीकृति दी, जो हमें अपनी परम्परा के मेल में लगी—उदाहरण के लिए आनन्द कुमारस्वामी की 'क्रिश्चियन ऐंड ओरिएंटल फ़िलॉसफ़ी ऑफ़

आर्ट' विषयक मीमांसा। किन्तु वह पश्चिम और ईसाई पश्चिम की भी मुख्यधारा न थी न है। वह तो रहस्यदर्शियों वाली धारा थी, जिसके प्रति वहाँ की मुख्यधारा बहिष्कारप्रवण दमनधर्मी रुख ही अपनाती रही और जो स्पष्टतः एक प्रच्छन्न अन्तःसलिल धारा ही थी, जिसे हमने अपने पारम्परिक पुरुषार्थ-चिन्तन की ही पुष्टि और सार्वभौम अर्थवत्ता की तरह अंगीकार किया।

किन्तु आज की दुनिया और आज का मनुष्य जिस 'अर्थ' से और जिन शक्तियों से गढ़े जा रहे हैं, उसका एक सार्वभौम अर्थवत्ता से कोई सम्बन्ध नहीं है। यह एक त्रासद तथ्य है, जिसे एक पाश्चात्य चिन्तक हार्टमान ने भी अपने 'एथिक्स' में सही-सही रेखांकित किया है कि—"चेतना के सूक्ष्म स्तरों में ही अधिक स्थायित्व होता है, किन्तु तात्कालिक रूप से तो चेतना के स्थूलतर स्तर ही बलवत्तर होते हैं।" निराला ने 'तुलसीदास' के कविकर्म की और उसके ज़रिये अपने युग के भी सार्थक कविकर्म की जो दिशा पहचानी थी, वह क्या थी?

होगा फिर से दुर्द्धर्ष समर
जड़ से चेतन का निशि-वासर
कवि का प्रति छवि से जीवनभर, जीवनहर।
भारती इधर हैं, उधर सकल
जड़ जीवन के संचित कौशल
जय, इधर ईश, है उधर सबल मायाकर।

यह 'भारती' कवि के लिए उस 'चैतन्य' का प्रतीक है, जो जड़ता के विरुद्ध संघर्षरत है। इस प्रकार सर्जना-शक्ति को कवि एक ऐसी शक्ति के रूप में साक्षात् करता है, जो 'जड़ जीवन के संचित कौशल' से (जिसमें विस्तारवादी सत्तालिप्सु संगठनों का वह हिंसा-कौशल भी स्वतः सम्मिलित हो जाता है, जिसे आल्डुअस हक्सले ने उचित ही 'थिओलॉजिकल इम्पीरियलिज़्म' के सही नाम से पुकारा था) और उसी से निष्पन्न, उसी की सगी पे तथाकथित हिंसाजीवी क्रान्ति-चेष्टाएँ भी, जिनकी अनिवार्य परिणति आलबेयर कामू के 'रेबेल' के शब्दों में 'हत्या' और 'आत्महत्या' के अन्तहीन दुश्चक्र में ही हो सकती थी, और हुई। सवाल है कि आत्मविस्मृति के इस अन्धकूप से उबरने का उपाय क्या है? उपाय है, निराला की ही शब्दावली में—'जीवन के प्रखर ज्वार में बहते हुए सत्य मार्ग पर स्थिर रहकर विरोध से द्वन्द्व समर की चुनौती स्वीकार करना'। 'तुलसीदास'—निराला का आदर्श कवि—यही चुनौती स्वीकार करता है—क्योंकि जड़ और चैतन्य के इस दुर्द्धर्ष समर से ही वह 'अकल कला' प्रकट हो सकती है, जो हमारे 'सकल छिन्न को गहकर जोड़ेगी'। आज यह प्रश्न उठाने का समय आ गया है कि परवर्ती

कवियों ने कहाँ तक इस चुनौती को स्वीकार किया? ईमानदारी से अपने को टटोलें तो उत्तर बहुत आश्वस्तिकर नहीं मिलेगा। अज्ञेय और नयी कविता तक तो फिर भी यह समर किसी रूप में मिलेगा, किन्तु उसके बाद एक विचलन साफ़ दृष्टिगोचर होता है, जिसके चलते अधिकांश कवियों ने अपनी उस भूमिका को भुलाकर एक हीनतर भूमिका में अपने कविकर्म को 'रिड्यूस' हो जाने दिया है। कविकर्म उनके लिए जड़ से चेतन का निशिवासर चलने वाला 'दुर्द्धर्ष समर' न होकर उसकी एक रीतिबद्ध परछाईं भर बनकर रह गया है। चैतन्य वहाँ जड़ के विरुद्ध नहीं, स्वयं जड़ के ही पक्ष में नियोजित किये जाने को प्रस्तुत है।

जो था हमने सब मिटा दिया
इस आत्मतोष से भरे, कि उसके हमीं बनाने वाले हैं
भर गया गगन में धुआँ हमारे कहते-कहते
स्वर्ग धरा पर हम ले आने वाले हैं

—अज्ञेय (सदानीरा, पृ.-294)

अज्ञेय की प्रगतिशीलता किसी मँगनी के साँचे में ढली प्रगतिशीलता नहीं है। उनके कवित्व का सर्वप्रथम सरोकार इस जड़-चेतन सृष्टि की अर्थवत्ता और सुन्दरता से, उसमें मनुष्य की जगह पहचानने से, और चेतना की आत्मप्रतिष्ठा से है। किन्तु जब मनुष्य को ही चराचर सृष्टि के केन्द्र में सृष्टा की जगह बिठाकर मानव-नियति के साथ जुआ खेला जाने लगता है, तो वह अहंकार विमूढात्मा आचरण इस चराचर सृष्टि को और स्वयं मनुष्य-भाव को ही उजाड़ने पर उतारू हो जाता है। प्रकृति को तथा 'अन्य' को भी एक सर्वथा पृथक् और विरोधी सत्ता मान लेने पर उसका अवधारणात्मक वशीकरण और दोहन अधिक दक्षता और क्षिप्रता के साथ किया जा सकता है, इसमें सन्देह नहीं। और पाश्चात्य सभ्यता की मुख्यधारा, उसका समूचा अभियान, इसी दृष्टि से प्रेरित है। मार्क्सवाद भी उसी का अंग है और अनिवार्यतः इसी सभ्यता के मौलिक अन्तर्विरोधों के भीतर से उपजा है। अतः अपनी सजृनात्मकता को उसका पिछलग्गू बना देना अन्ततः उसी आत्मद्रोही और आत्महन्ता दुश्चक्र में—उसी मसीहाई इतिहासवाद के दुश्चक्र में—उलझ जाना ही है। जैसा कि कवि-चिन्तक अज्ञेय का भी कहना है कि—"मार्क्सिज़्म के नाम पर जो जुल्म हुआ है, उसकी जड़ में यह भूल है कि इसे व्यापक जीवन-दर्शन मान लिया गया।" यह भी, कि—"कम्युनिज़्म राजनीति में आततायी हुआ है, दर्शन वह अधूरा और पंगु बनाने वाला है। और भारतीय कम्युनिज़्म कदम-कदम पर देश विरोधी और परदेश-निर्देशित सिद्ध हुआ है।" (देखें, आत्मपरक, पृ.-186-89, सर्वेश्वरदयाल सक्सेना से प्रश्नोत्तर)

किन्तु लगता नहीं कि अज्ञेय के आलोचनात्मक विवेक का यह रंग परवर्ती हिन्दी कविता और आलोचना को सुहाया हो। अज्ञेय का कविकर्म और चिन्तन निराला की ही तरह हर जड़ता को चुनौती देने वाला है : इसलिए वह जड़ीभूत सौन्दर्याभिरुचि के ही नहीं, जड़ीभूत सत्याभिरुचि के ख़िलाफ़ भी, जैसी जो कार्यवाही करना हर युग का सहज कवि-स्वभाव और कवि-कर्त्तव्य है, उसका उदाहरण अपने समूचे विकास-क्रम के दौरान देता चलता है।

उनकी एक बहुत पहले की कविता का समापन देखिए—

कहीं भीतर झर चले सब छद्म युग-युग की अपरिचिति के
एक नूतन समन्वय में घुले सब आकार संसृति के।
तुम्हारा ही रूप धुँधला क्या सदा मानस-मुकुर में झाँकता है?
तुम्हीं हो क्या बन्धु वह, जो हृदय में मेरे निरन्तर जागता है?

अज्ञेय का कविकर्म एक अनिवार्य और सार्थक 'विद्रोह' के साथ-साथ 'एक नूतन समन्वय' की चेष्टा के कारण भी अपना निजी और ठेठ भारतीय वैशिष्ट्य अर्जित करता है। उनके यहाँ जीवन-संग्राम की, संघर्ष की भी, जैसी स्वाधीन और स्वार्जित पहचान मिलती है, वैसी ही जीवन के छुपे हुए मर्म के प्रति भी एक सचमुच आधुनिक कवि की तड़प-भरी पर्युत्सुकता भी। यह आकस्मिक नहीं कि विद्रोह के दौर में ही इस कवि ने विद्रोह के रूढ़ि बन जाने के खतरे को खुली आँखों पहचान लिया था।

क्रान्ति है आवर्त, होगी भूल उसको मानना धारा
उपप्लव निज में नहीं उद्दिष्ट हो सकता हमारा
जो नहीं उपयोज्य, वह गति शक्ति का उत्पात भर है
स्वर्ग की हों—माँगती भागीरथी भी है किनारा।

अज्ञेय मुक्त चेतना के कवि हैं : हृदय और बुद्धि दोनों की मुक्तावस्था के साधक। कविकर्म उनके लिए इसी साधना का उपकरण है : जिसे वे 'मुक्त जीवन की सक्रिय अभिव्यंजना का तेज-दीप्त प्रवाह' कहते हैं। इस प्रवाह के पीछे 'युगों की साधना' है, चाहे वह बीच-बीच में और वर्तमान में भी कितनी ही बाधित-अवरुद्ध क्यों न हो गयी हो! उन्हें जो भी बल है, जो भी भरोसा है, वह इसी 'दाय' का है, इसी 'ऋत' की मूल्य-चेतना के अनवरत शोध का है, और, उससे भी ज़्यादा हिन्दी की 'सात्त्विक कठोरता' का है। यही उनके लिए हिन्दी-भक्ति, देश-भक्ति और अन्ततः उस विश्व-मानव की भक्ति है 'जो जड़ नहीं है'।

अज्ञेय की कविता में अछूती नयी उपमाएँ भी भरपूर मिली जाएँगी, पद-लालित्य भी। किन्तु वे मुख्यतः 'उपमा' और 'पद-लालित्य' के नहीं, 'अर्थगौरव' के कवि हैं। 'रूपाकार' के प्रति अत्यन्त संवेदनशील, किन्तु 'सार' के अथक अन्वेषी कवि।

किन्तु रूपाकार यह केवल प्रतिज्ञा है
उत्तरोत्तर लोक का कल्याण ही है साध्य
अनुशासन उसी के हेतु है।
... ...
यह प्रतिज्ञा ही हमारा दाय है लम्बे युगों की साधना का
जिसे हमने धर्म जाना।
स्वयं अपनी अस्थियाँ देकर हमीं ने
असत् पर सत् की विजय का मर्म जाना
संपुटित कर हाथ जिसने गोलियाँ निज वक्ष पर झेलीं
उसी के नतशीश धीरज को हमारे स्तिमित चिर-संस्कार ने सच्चा कृती का
कर्म जाना

अज्ञेय का कवि इसी 'धर्म' और इसी 'कर्म' का क़ायल है। इसीलिए वह कह सकता है कि–

आसक्ति नहीं, आनन्द है, सम्पूर्ण व्यक्ति की अभिव्यक्ति।
मरूँ मैं, किन्तु मुझे घोषित यह कर जाने दो।

और यह भी, कि–

"शब्द यह सही है, सब व्यर्थ हैं
पर इसीलिए, कि शब्दातीत कुछ अर्थ है।"

अज्ञेय का कविकर्म अपनी अनूठी शब्द-साधना के साथ (और ज़रिये) इस 'शब्दातीत अर्थ' के प्रति भी अपने 'रहःशील' अन्तःकरण (देखें, अज्ञेय का एकदम आरम्भिक काव्य 'छाया', सदानीरा, पृ.-1) में निरन्तर सजग संवेदनशील रहा आया–यह उसका एक अतिरिक्त आयाम है, जो अज्ञेय को उनके समकालीन कवियों के बीच अलग वैशिष्ट्य प्रदान करता है। साथ ही, वह परवर्ती कवियों के लिए भी प्रेरणाप्रद और प्रासंगिक है : एक ऐसे अर्थ में, जिसकी ओर प्रायः ध्यान नहीं दिया जाता और जिसे इस मौजूदा दौर में लगभग विस्मृत कर दिया गया है :

मानव होने की पीड़ा का एक नया स्तर खोला :
नया रन्ध्र इस रुँधे दर्द की भी दीवार में फोड़ा :
उससे फूटा जो आलोक उसे—छितरा जाने के पहले
निर्निमेष आँखों से देखा
निर्मम मानस से पहचाना, नाम दिया।

आज इसी नामकरण की काव्य-प्रक्रिया और सार्थकता को नये सिरे से पहचानने की चुनौती हमारे सामने है। यह ध्यातव्य है कि अज्ञेय ने कविता को मात्र सौन्दर्याभिव्यक्ति नहीं, 'ज्ञान का एक प्रकार' माना था। हिन्दी कविता पर पिछले कुछ दशकों से जिस जड़ीभूत सत्याभिरुचि का खतरा मँडराता रहा है, और जिसके प्रति अब जाकर कुछ असन्तोष जगता दीख रहा है, उससे उबरने में अज्ञेय के कविकर्म का पुनर्पाठ सहायक हो सकता है। यह भी उसकी प्रासंगिकता और उपादेयता का एक पहलू है।

दरअसल, मनुष्य का मनुष्यत्व उसकी यथास्थिति में नहीं, उसके अतिक्रमण में प्रकट होता है, यही उसकी स्वतन्त्रता है और यही उसका स्वधर्म। मनुष्य की यह आत्मचेतना ही प्रकृति के पारतन्त्र्य से उबरने की प्रक्रिया का, अर्थात् संस्कृति का आरम्भ है। कवि और चिन्तक अज्ञेय की दृष्टि में भी मनुष्य प्रकृति के विकास-क्रम में पहला ऐसा जीव है, जो भाषा की खोज करके भाषा के ज़रिये अप्रत्यक्ष चीज़ों की अवधारणा कर सकने—प्रतीक रचने—की सामर्थ्य विकसित करके अपनी स्वतन्त्रता का क्षेत्रफल बढ़ाता गया है और इस तरह असीम और अपूर्वानुमेय सम्भावनाओं से जुड़ गया है, सृजनशील बन गया है। मनुष्य में अन्तर्निहित यह आत्मातिक्रामी क्षमता या कि स्वाधीन सृजनशीलता ही मानव सभ्यता और संस्कृति का प्रेरक तत्त्व बनकर प्रकट हुई है—उसके अन्तःकरण का आयतन बढ़ाने वाली। '...अन्तःकरण का आयतन संक्षिप्त है/...पर क्या करूँ, यह छाँह मेरी सर्वगामी है'...मुक्तिबोध की कविता भी तो कहती है। क्या है यह सर्वगामी छाँह?...यह सत्-चित् वेदना? मनुष्य अपने ही द्वारा रचे गये मूल्यों का अतिक्रमण करते हुए उनसे भी उच्चतर मूल्यों की उद्‌भावना करने को अन्तर्विवश है। हाँ, मूल्यान्वेषण की—मूल्य-सर्जना की, इस प्रक्रिया में एक निरन्तर प्रवहमानता अनिवार्य है, अन्यथा एक समय के सिरजे हुए मूल्य भी कालान्तर में सृजनात्मकता को कुंठित करने वाले बन सकते हैं। बने ही हैं।

प्रत्येक प्राणवान् संस्कृति में एक ओर संरक्षणशीलता और दूसरी ओर साहसिक सृजनशीलता का एक सन्तुलन बना रहता है, जो कई बार गड़बड़ा भी जा सकता है। संस्कृतियाँ विकासोन्मुख भी हो सकती हैं, ह्रासोन्मुख भी। जो संस्कृति पूर्णता

का जितना ही बड़ा स्वप्न देखती है, जितनी ही बड़ी अवधारणा उस पूर्णता की अपने साक्षात् अनुभव अथवा विचारशक्ति के बूते कर सकती है, उसे उतनी ही बड़ी जिम्मेदारी उठानी पड़ती है और उस बड़ी भारी जिम्मेदारी के निर्वाह की प्रक्रिया में मानव-स्वभाव की दुस्साध्य दुर्बलताओं और सामूहिक आत्मविस्मृति तथा प्रमाद के चलते चूकों की सम्भावना भी उसी अनुपात में बढ़ जाती है। प्रकृति को या 'अन्य' को भी एक विरोधी और पृथक् सत्ता मानते हुए जो सभ्यता जीवन की समस्याओं को अलग-अलग करके निबटाती है, उसमें नियम-अनुशासन और तात्कालिक प्रगति तो आसान हो जाती है, किन्तु ऐसी प्रगति में स्वयं अनुभव और ज्ञान की समग्रता खंडित हो जाने का ख़तरा पैदा हो जाता है। दूसरी ओर, समग्र की चिन्ता—प्रकृति और संस्कृति के बीच सीधे विरोध और संघर्ष के बजाय सहयोग की आकांक्षा और आग्रह, जड़ में भी चैतन्योन्मुख मुक्ति-चेष्टा के सोपान-क्रम की प्रतीति एक मूलतः आध्यात्मिक संस्कृति को मानवेतर समूची सृष्टि के विराट् सन्दर्भ में एक अलग तरह की पर्येषणा और पर्युत्सुकता की वाहक बना देती है, जिसका सामाजिक चरितार्थन कुछ अलग तरह की समस्याएँ उपजाता है, जिनका हल खोजते चलना भी वैसी सभ्यता का अनिवार्य कर्त्तव्य है। अज्ञेय ने स्वतन्त्रता की देहरी पर ही जिस 'आलोचक राष्ट्र के निर्माण' का स्वप्न देखा था—वह इसी आवश्यकता की पुकार से, इसी जिम्मेदारी के निर्वाह से जुड़ा था।

अन्य संस्कृतियों की तुलना में भारतीय संस्कृति अपने स्रोत पर ही इस आत्मातिक्रामी आत्मसर्जना के दुस्साध्य आदर्श से अनुप्राणित रही है। समस्त जीवन को बिना 'सैक्रेड' और 'प्रोफेन' के ख़ानों में विभाजित किये उसी समग्र सत्य-ज्ञान के आधार पर, उसी के साथ जाने वाले पावनतामूलक मूल्यों के अनुसार चलाने का ध्येय लेकर चली है। अतः उसके सामने मानवीय ज्ञान और कर्म के अलग-अलग क्षेत्रों के स्वायत्त विकास के बजाय विरुद्धों के सामंजस्य को साधने का ही लक्ष्य रहा है। **यह सांस्कृतिक प्रक्रिया 'आइडियोलॉजिकल' की बजाय 'क्रियेटिव' रही है।** जिस तरह खरी और महत्त्वपूर्ण कविता की विशेषताएँ गिनाते हुए उसकी पहली ही खूबी यह बताई गयी थी कि वह बहुत दूर की चीज़ों को पास ले आती है : विरुद्धों का सामंजस्य सम्भव करती है, अधिकतम अव्यवस्था के भीतर से अधिकतम व्यवस्था और सन्तुलन कमाकर लाती है, ठीक वैसी ही विशेषता और रचना-प्रक्रिया भारतीय संस्कृति की भी है। **अर्थात् यह संस्कृति अपनी मूल प्रतिज्ञा और प्रक्रिया में ही सर्जनात्मक है, काव्यात्मक है। तब फिर, ऐसी संस्कृति और उसके साहित्य में यदि जड़ीभूत सत्याभिरुचि के लक्षण प्रकट होते हैं, तो यह निश्चय ही एक चिन्ताजनक स्थिति है।**

अज्ञेय का कवि-कर्म

'प्रस्तुत लेख के प्रवेश द्वार पर ही एक आत्म-स्वीकृति टाँक देना अनिवार्य लग रहा है कि यह एक ऐसे व्यक्ति के द्वारा लिखा जा रहा है जिसे कभी अज्ञेय के 'इत्यलम्' नामक कविता संग्रह ने आईने की तरह, आत्म-दर्पण की तरह अपनी तत्कालीन मनःस्थितियों और प्रश्नाकुलताओं को पहचानने और पकड़ने की प्रेरणा सुलभ कराई थी। दूसरे शब्दों में, उसकी किशोर चेतना को वयस्क भाव-बोध में दीक्षित करने तथा उसकी जीवनानुभूति को आत्मान्वेषण की स्वतःस्फूर्त प्रक्रिया से जोड़ने में सहायता की थी।

(एक)

अज्ञेय का कवि-कर्म प्रसाद-युग से लेकर युवा कविता तक के विकास-क्रम को समाहित किये हुए है। छायावादोत्तर कवियों—बच्चन और दिनकर—से उनकी प्रारम्भिक कविता का वैसा सह-अनुभूति वाला सम्बन्ध नहीं दिखाई देता जैसा ठेठ छायावाद के कवियों से। वे पन्त के सर्वाधिक निकट रहे : पन्त काव्य के स्वर-संगीत और प्रकृति-संवेदन के बड़े पारखी और प्रशंसक; निराला की काव्य-सामर्थ्य को उन्होंने देर से ही सही, कैसे और किस स्तर पर पहचाना, यह 'स्मृति-लेखा' में उन्होंने स्वयं बखूबी बताया है : उसी से यह भी पता चलता है कि स्वयं निराला ने उन्हें 'दि फोरमोस्ट पोएट' की तरह स्वीकारा था। किन्तु उनकी कविता के आन्तरिक साक्ष्य से ऐसा लगता है कि वे जयशंकर प्रसाद के कवित्व से भी कहीं गहरे संवेदित थे। प्रसाद के 'आँसू' का मर्मकथन है : 'चुन-चुन ले रे कन-कन से जगती की सजग व्यथाएँ...', अज्ञेय का कवि भी अपनी कविता में 'अखिल विश्व की पीड़ा संचित करने' की बात करता है क्योंकि वह 'जीवन का कवि' है और उसके 'असंख्य हृदयों का गाथाकार' भी। 'आँसू' का कवि 'हृदय के समाधि बन

जाने' की बात करता है; 'चिन्ता' का कवि कहता है—'जो दुख और क्लेश मैंने देखे हैं, उन्हें अपने पास संचित कर लूँ—उससे एक विराट् समाधि बना लूँ—जिसमें मृत्यु के बाद मेरा शरीर दब जाए।'...'चिन्ता' का कवि जिस 'प्राचीन अकथ्य कथा' को, आदिम प्रथम पुरुष की प्रणय-कथा को सुनना चाहता है, उसे क्या हम 'कामायनी' में भी नहीं सुन आये हैं? यह अकारण नहीं, कि प्रसाद-काव्य के कई सारे बिम्ब अज्ञेय को भी प्रिय हैं। जैसे निर्झर, प्रत्यंचा, टूटता तारा, सूना नभ, द्वीप, पक्षी, आँसू इत्यादि।...जिस प्रकार प्रसाद के यहाँ बिम्ब प्रतीक बनने की ओर उन्मुख हैं, उसी प्रकार अज्ञेय में भी। दोनों कवियों के यहाँ एक रहस्यशील, रहस्योन्मुख, भाव-संवेदना मिलती है—हालाँकि प्रक्रिया और परिणति में एक-दूसरे से भिन्न गुणवत्ता वाली। 'चिन्ता' के ही अन्तर्गत 'विश्वप्रिया' काव्य-शृंखला की पहली ही कविता पढ़ देखिए—

छाया, छाया, तुम कौन हो?
ओ श्वेत, शान्त घन—अवगुंठन! तुम कौन सी आग की तड़प छिपाए हुए हो? ओ शुभ्र-शान्त परिवेष्टन!
तुम्हारे रहःशील अन्तर में कौन सी बिजलियाँ सोती हैं?

यह देख पाना कठिन नहीं होना चाहिए कि प्रसाद और अज्ञेय के बीच कहीं कुछ गहरे में उभयनिष्ठ है, जिसका संकेत इस कविता में आये 'फ्रेज़' 'रहःशील अन्तर' से मिलता है। यह 'रहःशील अन्तर' ही जहाँ एक ओर अज्ञेय को प्रसाद से जोड़ता है, वहीं दूसरी ओर, स्वयं 'इत्यलम्' के अज्ञेय और 'चक्रान्त शिला' के अज्ञेय को भी आपस में जोड़ने वाला अन्तःसूत्र है। अज्ञेय का यह 'रहःशील अन्तर' प्रसाद की रहस्यदर्शी भावभूमि से प्रच्छन्न अन्तःसलिल सम्बन्ध रखता हुआ भी उससे एकदम अलग भाव-भूमि पर अभिव्यक्ति पाता है—एक अधिक आधुनिक और आत्मसजग, यानी अधिक संकटापन्न अस्मिता की भाव-भूमि पर। 'इत्यलम्' की एक कविता का शीर्षक ही है—'रहस्यवाद'। क्या कहती है यह कविता? तनिक् पढ़िए तो—

मैं भी एक प्रवाह में हूँ/ पर मेरा रहस्यवाद ईश्वर की ओर उन्मुख नहीं है
मैं उस असीम शक्ति से सम्बन्ध जोड़ना चाहता हूँ/ अभिभूत होना चाहता हूँ जो मेरे भीतर है।
शक्ति असीम है। मैं शक्ति का एक अणु हूँ/ मैं भी असीम हूँ
एक असीम अणु उस असीम शक्ति को, जो उसे प्रेरित करती है
अपने भीतर समा लेना चाहता है

उसकी रहस्यमयता का परदा खोलकर उसमें मिल जाना चाहता हूँ/ यही मेरा रहस्यवाद है।

स्पष्ट ही, अज्ञेय की यह रहस्यशील संवेदना मानववादी या मानवनिष्ठ संवेदना है जो 'नयी कविता' को छायावाद (और प्रगतिवाद) से भी अलग धरातल पर प्रतिष्ठित करने वाली चारित्रिक और विभेदक विशेषता है। यहाँ यह ग़ौरतलब है कि अज्ञेय की और उस तरह नयी कविता आन्दोलन की भी केन्द्रीय इस भावधारा को पाश्चात्य सभ्यता के अपने अलग इतिहास-चक्र से उपजे 'ह्यूमैनिज़्म' से पूर्णतः समीकृत करके देखना या उसी के अनुकरण तक घटा देना उचित नहीं है। यूरोपीय मानववाद जिस पुनर्जागरण की उपज है वह पुनर्जागरण मध्यकालीन मसीही धर्म की डॉग्मैटिक जकड़बन्दियों से विद्रोह का नतीजा था। जबकि, भारतीय धर्म के धर्मबीज उस तरह मनुष्य की आन्तरिक स्वाधीनता को अपहृत करने वाले 'डॉग्मा' हैं ही नहीं। यहाँ के हमारे नवजागरण में जो भी जैसी भी विद्रोह-चेष्टाएँ दिखती हैं, वे जड़ीभूत रूढ़ियों और सामाजिक व्यवस्था के विरुद्ध हैं। केन्द्रीय धर्मबीज हमारे जो भी हैं : चराचरनिष्ठ (मात्र 'मानवनिष्ठ' नहीं) अद्वैतवाद, ऋत, तप, आवर्तीकाल और कर्मयोग-बुद्धियोग इत्यादि...उनसे विद्रोह करने का प्रश्न ही नहीं उठता। वही तो असली धर्मबीज हैं हमारे, जिनका मसीही और ऐतिहासिक धर्मों से पार्थक्य एकदम साफ़ है। अज्ञेय के कवित्व और चिन्तन की साखी इस सन्दर्भ में विशेष अर्थ और महत्त्व रखती है; इसलिए, कि अज्ञेय एक ओर तो पश्चिम की बौद्धिक-प्रश्नाकुलता से, आधुनिक वैज्ञानिक उपलब्धियों से बहुत गहरे परचे हुए थे, और दूसरी ओर वे उसके पारम्परिक धर्म-दर्शन तथा उसके अद्यतन विकास के परिचायक अस्तित्ववाद तथा मार्क्सवाद के भी सहयात्री रह चुके थे। इसीलिए उनका मानवनिष्ठ स्वातन्त्र्य-दर्शन अपने सभी समकालीन समानधर्माओं की तुलना में न केवल अधिक गहरा है, बल्कि आज के पश्चिमीकृत विश्व में अपने देशवासियों को पूरे सांस्कृतिक आत्मविश्वास के साथ नयी रचना करने की प्रेरणा देने वाला और वास्तविक अर्थों में आत्मसजग भारतीय आधुनिकता का पथ प्रशस्त करने वाला है।

(दो)

जहाँ पश्चिम की बुद्धि जीवन की पूर्णता और रचना की पूर्णता के बीच एक अनिवार्य विरोध देखती रही है, वहाँ भारतीय मन की पारम्परिक निष्ठा यही रही है कि व्यक्तित्व और कृतित्व के बीच विरोध नहीं होना चाहिए। अज्ञेय भी इसी के मेल में अपने मन के दोनों खंडों-चेतन और अवचेतन के बीच तनाव और संघर्ष

की बजाय मैत्री ही स्थापित करने के आदर्श से अनुप्राणित रहे और इस आदर्श के निर्वाह में काफ़ी दूर तक सफल भी हो सके, तो इसका कारण यही था कि अपनी परिस्थिति और अपनी संस्कृति दोनों के प्रति आरम्भ से ही उनका दृष्टिकोण अत्यन्त सजग और दायित्वपूर्ण रहा। उन्होंने जहाँ एक ओर अपनी परिस्थिति के आकलन को, संघर्ष-युग के साहित्यकार की अनिवार्य जिम्मेदारियों की पहचान और निर्वाह को, अपना कर्तव्य माना, वहीं उन्होंने साथ ही साथ अपनी संस्कृति के मूलभूत मूल्यों की चिन्ता भी बहुत सक्रिय ढंग से अनेकानेक मोर्चों पर की।

ध्यान देने की बात है कि अज्ञेय 'निरन्तर संस्कारवान् होने की प्रक्रिया' को ही आधुनिकता मानते थे। किन्तु यह क्रिया अज्ञेय के यहाँ एक खुली संवेदना की अपेक्षा लिये हुए है। आधुनिक युग में इस खुलेपन का अर्थ है : एक ऐसी युग-विद्ध संवेदना का खुलापन, जहाँ किसी तरह के सरलीकरण और आत्मतुष्टि की गुंजाइश नहीं। अज्ञेय में संस्कार और संवेदना का एक सर्जनात्मक और मूल्यान्वेषी द्वन्द्व प्रारम्भ से दिखाई देता है, जो व्यक्तित्व की खोज के ज़रिये एक सांस्कृतिक अस्मिता की शोध से प्रेरित था। उन्हीं के शब्दों में, "...उस साहित्य की कोई प्रतिष्ठा नहीं हो सकती जिसमें कोई सांस्कृतिक अस्मिता नहीं बोलती। जिससे हम बने हैं, उसे पहचानते हुए उसे अभिव्यक्ति दें तो वर्तमान और भविष्य हमारे हैं; नहीं तो हम कहीं के नहीं।" अज्ञेय के इस विश्वास को उनकी प्रसिद्ध कविता 'नदी के द्वीप' में भी मार्मिक अभिव्यक्ति मिली है। संस्कार और संवेदना के द्वन्द्व की इस उपजाऊ प्रक्रिया को अज्ञेय के काव्य में बराबर लक्षित किया जा सकता है। उसी की परिणति एक आत्मविश्वासपूर्ण और परिपक्व आधुनिक भारतीयता में हुई, इस बात को भी।

अज्ञेय के पूर्ववर्तियों में वैसा सजग सांस्कृतिक व्यक्तित्व जयशंकर प्रसाद में प्रकट हुआ था। कदाचित् इसी कारण नयी कविता के एक प्रमुख कवि—आलोचक विजयदेव नारायण साही को अज्ञेय और प्रसाद के बीच 'एक आश्चर्यजनक साम्य' दिखा। इसमें सन्देह नहीं कि क्या बौद्धिक व्यक्तित्व और क्या रचनात्मक विकास-क्रम, दोनों ही दृष्टियों से अज्ञेय ही नयी कविता के समस्त नागरिकों के बीच प्रसाद के निकटतम जान पड़ते हैं। आधुनिक सभ्यता के संकट का साक्षात्कार अपने ज़माने के विचारों की चौहद्दी के भीतर हम प्रसाद में भी पाते हैं। सांस्कृतिक अस्मिता की शोध का कुछ वैसा ही अध्यवसाय भी : इस महत्त्वपूर्ण अन्तर के बावजूद, कि प्रसाद जी आस्था के धरातल पर बहुत कुछ ऐसा मानकर चल सकते थे, जैसा मानकर चलने की सुविधा अज्ञेय को सुलभ नहीं थी। इस सिलसिले में साहीजी की उस विचारोत्तेजक स्थापना का स्मरण स्वाभाविक है, जिसके अनुसार 'प्रसाद ने अनुभूति को दर्शन में घुलाया; जबकि अज्ञेय ने दर्शन को फिर से अनुभूति में घुलाने की राह निकाली।' निश्चय ही प्रसाद की प्रश्नाकुलता से अज्ञेय की प्रश्नाकुलता का स्वरूप भिन्न होना ही था।

(तीन)

एक और तथ्य की ओर भी यहाँ, लगे हाथ ध्यान दिलाना आवश्यक है। वह यह कि स्वयं अज्ञेय ने अपने समय में कविता की पृष्ठभूमि को, काव्य-भाषा में आवश्यक बदलाव की प्रक्रिया को बहुत अच्छी तरह विवेचित किया है : खासकर वाचिक से पठ्य कविता में संक्रमण की परिस्थिति और प्रक्रिया को। उन्हीं के शब्दों में '...छायावाद के कवियों ने अपने लिए एक समाज बनाया था। जिसका लाभ हमें भी मिला, मैंने और मेरे समकालीनों ने अपने लिए एक समाज बनाया। छायावाद का समाज स्वयं छायावाद के कवियों की तरह वाचिक परम्परा में पला था और पढ़कर कविता ग्रहण करने की ओर आ रहा था। हमारा समाज मुख्यतः श्रोता नहीं, पाठक था, जैसे कि कवि भी प्रमुखतः वाचक नहीं, लेखक हैं।' यह सोचने की बात है कि अज्ञेय कविता में 'संप्रेषण' को क्यों इतना महत्त्व देते थे? क्यों उनके लिए काव्य अभिव्यक्ति से कहीं अधिक संप्रेषण था? 'नयी कविता' आन्दोलन के दौरान किसी अन्य कवि ने इस बात को इतना महत्त्व देकर, इतनी स्पष्टता से रेखांकित नहीं किया जितना अज्ञेय ने। यही विवेक उन्हें परवर्ती दौर के लिए-तत्कथित युवा कविता के दौर के लिए भी प्रासंगिक बनाता है, जिसका नारा ही था कि 'कविता सबसे पहले एक सार्थक वक्तव्य होती है'। अज्ञेय के कवित्व को अगर कोई इस 'सार्थक वक्तव्य' के प्रतिमान से भी जाँचे-परखे, तो वह खरी उतरेगी, क्योंकि वह अपनी बात, अपने कथ्य के अचूक यथा तथ्य संप्रेषण की शर्त को भी निभाती चलती है। जबकि कई सारे कवियों में अभिव्यक्ति का उतावलापन इस एकाग्र संप्रेषण पर हावी हो जाता लगता है। कविता मानो उनके लिए अपने तात्कालिक भावावेगों की ढुलाई का साधन भर हो; राहत पा लेने की आत्मतुष्टि। ऐसे में कविता कोई नया अर्थोन्मेष सम्भव करने की बजाय एक पहले से तयशुदा अर्थ की पटरी पर ही चलती है और किसी सचमुच अपूर्वानुमेय, अतः सार्थक वक्तव्य की कसौटी पर भी खरी नहीं उतर पाती। नयी कविता के दौर में मुक्तिबोध ने 'जड़ीभूत सौन्दर्याभिरुचि' के खतरे की बात उठाई थी और ठीक ही उठाई थी; किन्तु ध्यान देने योग्य तथ्य यह भी है, जिस पर कोई ध्यान नहीं देता। कि उक्त 'कंडीशनिंग' केवल सौन्दर्य-बोध की ही नहीं होती : सत्य-बोध या सत्याभिरुचि का कंडीशंड यानी जड़ीभूत हो जाना भी उतना ही बड़ा खतरा है, बल्कि उससे कहीं ज़्यादा बड़ा खतरा है, क्योंकि वह लाइलाज़ होता है। इसलिए, कि ऐसा कवि स्वयं यह जानने में अक्षम होता जाता है कि वह स्वयं को लगातार ऐसी कंडीशनिंग का, ऐसी जड़ीभूत सत्याभिरुचि का शिकार होने दे रहा है। समय आ गया है कि हम 'जड़ीभूत सत्याभिरुचि' के इस आतंक को उसके सही नाम से पुकारें और मिटाएँ।

(चार)

प्रारम्भ से ही हम देख सकते हैं कि अज्ञेय की कविता 'जीवन की आलोचना' भी है और जीवन की ही रहस्यानुभूति भी। निरन्तर आत्मालोचन और आत्म-शोधन का तड़प भरा आग्रह भी उसमें निरन्तर सक्रिय दीखता है। जहाँ सौन्दर्यानुभूति और लयात्मक संवेदना का वैशिष्ट्य हमारा ध्यान खींचता है, वहीं हर ओर से संकटापन्न अस्मिता के अहसास के बावजूद जीवन की अर्थवत्ता की खोज, उसमें विश्वास बचाए रखने की व्याकुलता भी लगातार दिखाई देती है। कविकर्म इस कवि के लिए अपने भाविक-बौद्धिक-नैतिक व्यक्तित्व की अखंडता को साधने का, अर्थात् एक समग्र-संवेदी व्यक्तित्व की खोज का माध्यम है। ऐसे व्यक्तित्व की खोज का, जो फिर समष्टि को निःशेष अर्पित करने योग्य हो। उनकी कविता में अक्सर उभर आने वाला आत्मोद्बोधन का स्वर इसीलिए आश्वस्त करने वाला है। 'इत्यलम्' में ही सुन लीजिए यह स्वर :

सुनो कवि भावनाएँ नहीं है सोता, भावनाएँ खाद हैं केवल/ ज़रा उनको दबा रक्खो... ... ...
कि उनका सार बनकर चेतना की धरा को कुछ उर्वरा कर दे;
भावनाएँ तभी फलती हैं कि उनसे लोक के कल्याण का अंकुर कहीं फूटे।

एक प्रसिद्ध आधुनिक कवि का कथन है कि 'कवि की तरह परिपक्व होने का अर्थ है अपनी समग्र मनुष्यता में परिपक्व होना ('मैच्योरिंग ऐज़ अ पोएट मीन्स मैच्ययोरिंग ऐज़ अ होल मैन')। सच पूछा जाए तो कवि अज्ञेय की जीवनव्यापी साधना कुछ इसी तरह की लगती है। 'इत्यलम्' और उसके पहले की कविताओं में हम इसके लक्षण प्रगट होते देखते हैं और यह भी महसूस करते हैं कि यह साधनावस्था अभी बहुत लम्बी खिंचने वाली है। सिद्धि अभी बहुत दूर है।

वह नया यथार्थ-बोध भी यहीं से-किंचित अटपटे ढंग से हो सही—दिखाई देने लगता है जो अन्ततः नयी कविता की धरा को उर्वरा करने वाला साबित हुआ। व्यंग्य-विपर्यय और आत्मविद्रूप...'आयरनी' और 'पैरेडॉक्स' सरीखे अभिव्यक्ति के उपकरणों का इस्तेमाल जिसे अब तक की कविता से एकदम अलग पहचान दे देता है।

मैं ही हूँ पदाक्रान्त रिरियाता कुत्ता/ मैं ही वह मीनार-शिखर का प्रार्थी मुल्ला... ...
मैं हूँ ये सब, ये सब मुझमें जीवित/ मेरे कारण अवगत, मेरे चेतन में अस्तित्व प्राप्त...

यहीं से हिन्दी कविता में उस अतिरिक्त स्व-चेतना का प्रवेश होता है जो आधुनिकता की पहचान है रोग के लक्षण की तरह। 'कुहासे की मुट्ठी में सिहरते से पंगु, टुंडे, दईमारे पेड़'...टी.एस. एलियट के 'प्रूफ्रॉक' में घिर आते 'यलो फॉग' की तरह पाठक को एक नया संवेदनाघात देते हैं। एक निहायत शहरी और प्रतिकूलवेदनीय बिम्बमाला अचानक छायावादी और छायावादोत्तर कविता के अभ्यस्त पाठकों को चौंका देती है। कहीं-कहीं चौंकाने के लिए चौंकाने वाली मुद्राएँ और व्यक्तव्य भी हैं, जिनसे कवि की कच्चाई झलकती है। पर उन्हीं के बरक्स, इस मूल्य-विपर्यय से जूझते हुए कवि की मूल्यखोजी सच्चाई भी कौंधती है बीच-बीच में। जहाँ कई सारे रिश्ते और मान्यताएँ सन्देह और सिनिकल अविश्वास की चपेट में आती दीखती हैं, वहाँ भी 'एक उदास चेहरा' कवि की मूल्य-चेतना को टेक दिये हुए उभरता है। 'तुम्हीं मेरा जीवन-कुहासा भेद उगा हुआ तारा हो...।' साथ ही कवि की शब्द-संवेदना भी 'सूक्ति' से आगे बढ़कर बिम्ब-विशिष्ट होने की ओर अग्रसर जान पड़ती है। 'अन्तरिक्ष की कौली भर मतियाया भूरा पानी'...'दो पर्वत श्रेणियों के बीच मानो स्फुट अधरों के बीच निखरता धूप का कलहास्य'... अभिव्यक्ति की एक नयी और स्वतन्त्र राह खुल जाने के संकेत हैं। 'जन्म-दिवस' नाम की कविता ही देख लीजिए, कैसे सचमुच नये व्यंजक बिम्बों की लड़ी-सी गुँथ गयी है यहाँ।

स्तब्ध लयबद्ध भौंरा टँका सा अधर में/ चाँदनी से बसा हुआ कुहरा
पीली धूप शारदीय प्रात की/ बाजरे के खेतों को फलाँगती/ डार हिरनों की बरसात में...

कवि इन सबके प्रति विनत और ऋण-स्वीकारी है। अब हम कवि के अगले संग्रह 'हरी घास पर क्षण भर' में संकलित एक अतिपरिचित कविता को देखें—जो अज्ञेय के कविकर्म के विकास क्रम की अगली सीढ़ी को सूचित करती प्रतीत होती है। यह उन कविताओं में है, जिन्हें हम 'सार्थक वक्तव्य' की कविता कह सकते हैं—

क्रान्ति है आवर्त, होगी भूल उसको मानना धारा
उपप्लव निज में नहीं उद्दिष्ट हो सकता हमारा।
जो नहीं उपयोज्य, न गति शक्ति का उत्पात भर है
स्वर्ग की हो—माँगती भागीरथी भी है किनारा।

शक्ति का उपासक तो कवि अब भी है, किन्तु शक्ति के उत्पात का नहीं,

उसके संचय और उपयोग का। पं. विद्यानिवास मिश्र ने अज्ञेय के कविकर्म के इस दौर को उचित ही 'शक्ति-संचय दौर' कहा है। यहाँ आते-आते विषाद और आत्मावसाद की मनःस्थितियाँ भी आत्मज्ञान-साधक हो जाती हैं। इसके साथ-ही-साथ अभिव्यक्ति और संप्रेषण दोनों में अधिक पैनापन आया है। यहाँ सूक्ति सरीखी सघनता भी है और बिम्ब-सजीव दीप्ति भी। 'पावस-प्रातः शिलङ्' और 'दूर्वाचल' सरीखी गीतियाँ इस दृष्टि से विशेष ध्यानाकर्षक हैं। शक्ति-संचय का आन्तरिक साक्ष्य इन कविताओं के मितकथन और सूक्ष्म सांकेतिक गुणवत्ता में देखा जा सकता है। आत्मोद्‌बोधन और व्याख्या की वृत्ति यत्र-तत्र अब भी दीखती है, किन्तु ऐसी कविताएँ संख्या में अधिक हैं जो इससे उबरी हुई हैं। अज्ञेय के प्रकृति-पर्यवेक्षण की सूक्ष्मता हिन्दी प्रकृति-काव्य में एक नया आयाम जोड़ती है। दो उदाहरण पर्याप्त होंगे—

पकी ज्वार से निकल शशों की जोड़ी गयी फलाँगती
सन्नाटे में बाँक नदी की जगी चमक कर झाँकती

(कतकी पूनो)

नभ में रवहीन दीन बगुलों की डार चली

(क्वाँर की बयार)

लय के 'काउंटरप्वाइंट' (एक धुन या लयगति में दूसरी धुन और लयगति का भी समावेश) के—भी कुछ अभिनव प्रयोग यहाँ देखने मिलते हैं जैसे कि नयी कविता के अन्य कवियों के यहाँ शायद ही मिलें। 'अकेली न जैयो राधे' शीर्षक कविता इस दृष्टि से उल्लेखनीय है। इसके साथ ही साथ व्यंग्य-विद्रूप के जरिये अपनी भावाकुलता को सन्तुलित और संकेन्द्रित करने की सफल चेष्टा 'माहीवाल' तथा 'सबेरे-सबेरे' शीर्षक कविताओं में द्रष्टव्य है।

अज्ञेय का कवि धीरे-धीरे बिम्ब से प्रतीक की ओर बढ़ता दीखता है यहाँ। 'हरी बिछली घास' और 'सूने गगन की पीठिका पर दोलती बाजरे की कलगी' यहाँ 'प्यार' के नये प्रतीक के रूप में आती है। इसलिए, कि 'पुराने प्रतीकों के देवता कूच कर गये हैं।' निश्चय ही 'देवताओं के कूचकर जाने की त्रासदी अभी उस तरह इस भारतीय कवि के सिर पर चढ़के नहीं बोलती जिस तरह कि यह रिल्के या ह्योएल्डरलिन के काव्य में बोलती है।' भारतीय परिप्रेक्ष्य यूरोपीय परिप्रेक्ष्य से बहुत भिन्न है। साहीजी जिसे अपने प्रसिद्ध निबन्ध (लघुमानव के बहाने हिन्दी कविता पर दृष्टिपात) में 'त्रासजनित पावनता का बोध' कहते हैं, उस स्तर के बोध तक पहुँचने के लिए अभी अज्ञेय के कवित्व को काफी दूरी तय करनी है। मगर, इतना तो कविता का सजग पाठक स्पष्ट देख सकता है कि कवि उत्तरोत्तर अपनी

भावाकुलता से उबर कर सार्थक उन्मोचन की दिशा में—प्रौढ़ता की ओर—अग्रसर है। इसी बूते वह कह सकता है कि 'आसक्ति नहीं, आनन्द है सम्पूर्ण व्यक्ति की अभिव्यक्ति'...। यह अर्जित आत्मविश्वास ही कवि को खुद अपने भाव-यन्त्र को 'एक सूखी घास-फूस की मचिया' कह सकने जितनी पारदर्शी विनम्रता जुटाता है और मोहभंग के बावजूद यह आश्वासन भी, कि

शब्द यह सही है, सब व्यर्थ है/ पर इसलिए, कि शब्दातीत कुछ अर्थ हैं।

कवि अपने विकास के इस चरण पर पाता है कि 'क्षण-क्षण जो मरता दिखता है, वही तो 'अविरल अन्तःसत्त्व' है।' वह इसी मौलिक जीवनानुभूति के भीतर से अपना जीवन-दर्शन उपलब्ध करना चाहता है, किसी दूसरे के खोजे सत्य से नहीं। 'ना कुछ फेर नहीं आने का' अथवा 'नहीं, फिर आना नहीं होगा' जैसी प्रतीतियाँ अज्ञेय में भूलकर भी कभी सतही सुखवाद के चार्वाकीय तर्क की ओर नहीं ले जातीं। अज्ञेय की सबसे बड़ी विशेषता 'निर्जल नकारों' से जूझते हुए उनके बीचोबीच से जीवन के प्रति एक बुनियादी स्वीकार-भाव को उबार लाना है। यही उनकी आधुनिकता है, यही उनकी भारतीयता है। नश्वरता का स्वीकार उन्हें जीवन की अर्थवत्ता का विलक्षण स्वाद अनुभव कराता है, उनके शिवत्व-बोध को और गहराता है, निरन्तर कर्म में जुटे रहने की प्रेरणा देता है, और अन्ततः उस 'आनन्द' को भी समझ सकने की अन्तर्दृष्टि प्रदान करता है, जिसे जयशंकर प्रसाद ने पिछली पीढ़ी के जीवन-बोध के बीचोबीच स्थापित करने का प्रयत्न किया था।

(पाँच)

हम देखते हैं कि अज्ञेय की काव्यभाषा में उत्तरोत्तर परिष्कार और खुलाव आता गया है। जहाँ जीवन और रचना का सम्बन्ध आरम्भ से ही अन्योन्याश्रित रहा हो, जहाँ मनुष्य होने का दावा कृतिकार होने के दावे को सचेत स्तर पर सदा पीछे ठेलता रहा हो, वहाँ कविता में जहाँ-तहाँ 'उचित उपदेश का मर्म' भी झलक आता रहा हो, तो यह अचरज की बात नहीं है, क्योंकि अज्ञेय के लिए रचना स्वयं जीवन की अर्थवत्ता की खोज का ही अंग है। इस अनिवार्य नैतिक और 'रहस्यशील अन्तर' अर्थात् आध्यात्मिक संवेदना के नैरन्तर्य की स्थिति और गति को समझने स्वीकार करने के बाद ही अज्ञेय के कविकर्म के क्रम-विकास की चर्चा सार्थक हो सकती है। पं. विद्यानिवास मिश्र ने अज्ञेय की काव्य-यात्रा के ऐसे तीन सोपानों का उल्लेख किया था ('आधुनिक कवि अज्ञेय की भूमिका में') एक तो 'विद्रोह और हताशा' का दौर, दूसरा 'शक्ति—संचय का दौर' और तीसरा 'बिना किसी आशा के

आत्मदान में सार्थकता पाने का दौर'। निश्चय ही 'विद्रोह और हताशा' की आत्म-स्थितियाँ कहीं-कहीं बाद की कविताओं में भी लक्षित की जा सकती हैं और 'बिना किसी आशा के आत्मदान में सार्थकता खोजने की तड़प—जैसा कि हम ऊपर देख आये हैं—पहले की रचनाओं में भी कार्यरत है। प्रश्न उठता है कि क्या 'आँगन के पार द्वार' से लेकर अन्तिम दिनों तक की काव्य-यात्रा को परिभाषित करने के लिए यह तीसरे सोपान वाला सूत्र पर्याप्त है? इस प्रश्न का उत्तर स्वयं अज्ञेय के उत्तर-काव्य के आन्तरिक साक्ष्य में ही खोजा जाना चाहिए।

'आँगन के पार द्वार' में एक छोटी-सी कविता है—'अनुभव-परिपक्व', जिसके आरम्भ में एक बालक अपनी माँ से गाने वाले लट्टू की ज़िद पर अड़ा दीखता है। कुछ ही देर बाद उसकी माँग घटकर काग़ज़ की फिरकी तक रह जाती है और अन्त में...वह कह उठता है—'अच्छा माँ, मुझे खाली मिट्टी दे दो/ मैं कुछ नहीं माँगूंगा।' यह कविता 1961 की है। तब से अज्ञेय के काव्य, चिन्तन और लोक-यात्रा में जाने कितने पड़ाव आये, किन्तु वे सब, लगता है इस 'अनुभव-परिपक्व' बालक द्वारा दिये गये वचन के मेल में ही हैं। किन्तु हमारे यहाँ तो परमहंस की स्थिति भी बालकोचित हो जाती है। 'परमहंसो बालवत्'। प्रौढ़वय में बालकोचित सरलता की पुनरुपलब्धि ही तो जीवनव्यापी साधना की सार्थक परिणति है, जो आशा-निराशा के द्वन्द्व से परे है।

स्वयं 'आँगन के पार द्वार' में संकलित 'चक्रान्तशिला' की कविताओं में अज्ञेय का कवि जिस तरह पूर्व और पश्चिम की आध्यात्मिक अनुभव-सम्पदा को टटोलता दिखाई देता है, उससे ऐसा तो नहीं लगता कि उसकी स्थिति केवल बिना किसी आशा के आत्मदान में सार्थकता पाने की स्थिति है। कहने को तो टी.एस. इलियट भी अपने 'फोर क्वार्टेट्स' में इसी तरह की बात करता दीखता है ('बिकाज़ आई डू नॉट होप टु टर्न अगेन...') किन्तु है तो वह दान्ते का शिष्य ही। क्या हम अज्ञेय को भी 'नकारों के निर्जल पारावार को लाँघकर'...'सब कुछ को धारण करने वाली पारमिता करुणा' तक पहुँचने की बात करते नहीं देखते?

यह अकारण नहीं हो सकता कि अज्ञेय अपने प्रौढ़ काव्य में न केवल बौद्ध और ईसाई प्रतीकों को टटोलते हैं, अपितु वैदिक ज्ञान-प्रतीकों को भी। देहरी पर ठिठका हुआ भी कवि क्या कह रहा है? यही ना, कि 'चलने की है यही प्रतिज्ञा/ पहुँच सकूँगा मैं प्रकाश के पारावार तक?' यह प्रश्न भी आखिर उसी के मन में ही तो उठता है कि...'क्यों चलना यदि पथ है केवल/ मेरे अन्धकार से सबके अन्धकार तक?'...इसी तरह हमें 'अरी ओ करुणा प्रभामय' की 'मैं और तुम' शीर्षक कविता याद आ रही है जिसमें कवि कहता है 'झर गये तुम्हारे पात/ मेरी आशा नहीं झरी'...। इसी सिलसिले में 'एक दिन चुक जाएगी ही बात' शीर्षक कविता को भी याद कीजिए—वह बात क्या है? निश्चय ही 'आत्मदान में सार्थकता

पाने' की ही। किन्तु क्या बिना किसी आशा के? 'कितनी नावों में कितनी बार' का कवि क्या कहता है? जरा सुनें—

प्रकाश मेरे अग्रजों का है/ कविता का है, परम्परा का है

पोढ़ा है, खरा है—

अन्धकार मेरा है/ कच्चा है, हरा है।

इसी संकलन में वह कविता भी है जो कहती है,—'है राह/ कुहासे तक ही नहीं, पार देहरी के/ है। मैं हूँ तो वह भी है।' क्या इसी प्रतीति में 'आत्मदान की सार्थकता' और 'आशा' का भी स्रोत निहित नहीं?

स्वतन्त्रता-संग्राम में अपनी युवा ऊर्जा की आहुति देने वाला कवि देश की स्वातन्त्र्योत्तर दुर्दशा से विक्षुब्ध है। उसकी कविता प्रारम्भ से ही जहाँ एक ओर आत्म-साक्षात्कार का साधन रही है, वहीं उसमें दृश्यमान-अनुभूयमान जीवन की आलोचना भी लगातार प्रस्तुत होती रही है। 'आँगन के पार द्वार' को पढ़ते हुए कभी यह शंका मेरे मन में उभरी थी कि कहीं यह दूसरा पक्ष कवि के हाथ से छूट तो नहीं जाएगा? किन्तु बाद के संग्रहों ने इस शंका को निरस्त कर दिया। 'नन्दादेवी' शृंखला इस दृष्टि से उतनी ही उल्लेखनीय है जितनी अन्तिम दिनों की 'मरुथल' शृंखला की कविताएँ। यहाँ जीवन की गम्भीर आलोचना भी है और उसके प्रच्छन्न अर्थ की अनुसंधित्सा भी। अपनी विकल आलोचना और निराशा का यथावत् सृजनात्मक सामना करने की क्षमता के फलस्वरूप ही कवि आशावान् है। यही उसकी आस्था को मूल्यवान् बनाता है।

'अरी ओ करुणा प्रभामय' की उस मर्मस्पर्शी कविता को याद करें—'वहाँ पर बच जाए जो'। जिसमें कवि आत्मदान की सार्थकता पर ही प्रश्नचिह्न लगाता दीखता है। यह कविता एक तरह से आधुनिक कवि की 'विनय पत्रिका' सरीखी है। अनन्तर, 'पहले मैं सन्नाटा बुनता हूँ' की कविताएँ उस गहरी अन्तर्यात्रा की गवाही देती हैं जहाँ कवि अपने उस विषाद योग से उत्तरोत्तर उबरता हुआ अपनी जोखम से निखरी हुई आस्था को भी झलका सका है। चूँकि इस कवि की आँखों ने...'हार, दुःख, अवसान, मृत्यु का अन्धकार भी देखा तो सच-सच देखा', इसलिए इसी सत्याग्रह के बूते वह कह सकता है कि

इस पार उन्हें जब आवे दिन/ ले जावे, पर उस पार उन्हें
फिर भी आलोक-कथा सच्ची कहने देना/ अपलक हँसती रहने देना...'

कवि अपने अन्तर्मन और बहिर्मन के बीच कलह की जड़ नहीं, मथानी देखता है और उसी से अपने 'होने के सागर' को—अर्थात् भवसागर को मथने का आह्वान करता है। चाहे 'जरा-व्याध' वाली शृंखलाबद्ध कविताएँ हो, चाहे अन्तिम संग्रह 'ऐसा कोई घर आपने देखा है' में प्रकाशित 'आर्फेउस' सीरीज की कविताएँ, हम साफ देख सकते हैं कि मानव-नियति का ऐसा पारदर्शन 'शेखर' के हेतुवाद और नियतिवाद को काफी पीछे छोड़ चुकने के बाद ही सम्भव हो सकता था। 'आर्फेउस' को ही देखिए—क्या उसका संगीत 'असाध्यवीणा' के संगीत का स्मरण दिलाता हुआ भी उससे कहीं आगे नहीं निकल जाता? 'त्रासजनित पावनता का बोध' भला और किसे कहेंगे?

मृत्यु को/ मृत्यु का आलोक/ जीवन को/ जीवन का
ओ जीवन! ओ मरण! ओ वृन्द-वाद्य!
हम गाते हैं/ जहाँ हैं/ साथ दो।

अन्त में, हम उत्तर अज्ञेय के प्रौढ़ चिन्तन को भी उनकी प्रौढ़ काव्योपलब्धियों के साथ-साथ पढ़ने-सुनने की आवश्यकता पर बल देते हुए खुद उन्हीं के द्वारा पूछे गये महाप्रश्न का उल्लेख करते हुए अपनी बात को समेटना चाहेंगे कि 'क्या कोई मानव-केन्द्रित आध्यात्मिकता सम्भव है?' अज्ञेय का प्रौढ़ काव्य और चिन्तन दोनों इस प्रश्न का सकारात्मक प्रत्युत्तर जान पड़ते हैं। यह अकारण नहीं है कि वे 'सत्य', 'ऋत', 'तप' और 'आवर्ती काल' के भारतीय मूल्यों को मानव-जीवन मात्र के बुनियादी मूल्यों से जोड़ते हैं। जैसा कि 'स्रोत और सेतु' में उन्होंने स्पष्ट दर्शाया भी है—"नैतिक-अनैतिक की परख भी कुछ अभिमूल्यों के आधार पर होती है, जो अन्ततोगत्वा आध्यात्मिक है और साथ ही विकासमान भी है; स्थिर या जड़ नहीं हैं, क्योंकि मानव जड़ नहीं है।"

अज्ञेय का स्वातन्त्र्य-विमर्श

एक मृषा जिसमें सब डूबे हुए हैं
क्योंकि एक सत्य जिससे सब ऊबे हुए हैं।
एक तृषा जो मिट नहीं सकती, इसलिए मरने नहीं देती
एक गति जो विवश चलाती है, इसलिए कुछ करने नहीं देती।

स्वातन्त्र्य के नाम पर मारते हैं, मरते हैं
क्योंकि स्वातन्त्र्य से डरते हैं।

(पश्चिम के समूह-जन)

अच्छी कुंठारहित इकाई
साँचे ढले समाज से
अच्छा अपना ठाठ फकीरी
मँगनी के सुख-साज से

अच्छे अनुभव की भट्ठी में तपे हुए कण-दो कण
अन्तर्दृष्टि के
झूठे नुस्खे, वाद रूढ़ि, उपलब्धि पराई प्रकाश से
रूप—शिव, रूप—सत्य की सृष्टि के

स्वातन्त्र्य की अभीप्सा और खोज अज्ञेय के व्यक्तित्व और कृतित्व की मूल अभीप्सा और खोज है; किन्तु यह स्वातन्त्र्य कोई पहले से प्रदत्त वस्तु नहीं। उसके लिए निरन्तर आविष्कार, शोध और संघर्ष अनिवार्य है। स्वयं अज्ञेय के ही शब्दों में, "उस शोध और संघर्ष को ही—स्वाधीनता की अन्तहीन ललक को ही-स्वाधीनता का सार—तत्त्व कह सकते हैं।" अज्ञेय-साहित्य का यह स्थायी भाव है : उसमें

निहित विद्रोह और आस्था दोनों का आधार। प्रारम्भ में वह एक तरह का अराजकतावादी रुझान झलकाता है; बीच में वह वरण-स्वातन्त्र्य और मानवीय कर्म की नैतिकता के प्रामाण्य का उत्तरोत्तर गहराता अनुसन्धान है; और अपनी प्रौढ़-परिपक्व परिणति पर वह सम्पूर्ण सत्ता की, सत्तामय जीवन की सघन पहचान, और सुदृढ़ प्रतीति बन जाता है। अज्ञेय के ही शब्दों में—"इसे यों भी कह सकते हैं कि सम्पूर्ण सत्ता का आदेश ही स्वतन्त्रता है : उसके निर्देशन में जीना ही स्वाधीन जीवन है। यहाँ आकार चेतना, कांशेन्स और स्वाधीनता एक हो जाते हैं—चेतन विवेक से निर्दिष्ट होकर जीना ही स्वाधीन जीना है। यह स्वाधीनता निर्भयता की अवस्था है।"

'स्रोत और सेतु' नामक अज्ञेय के वैचारिक निबन्धों के संग्रह का प्रारम्भ ही जिस निबन्ध से होता है, उसका शीर्षक है : 'मेरी स्वाधीनता : सबकी स्वाधीनता।' इंग्लैंड के एक उद्यान में टहलते हुए अज्ञेय को खुली हरियाली में खड़ा एक अकेला पेड़ दीखा जो उनके लिए मानो बोधिवृक्ष की तरह प्रेरणादायी सिद्ध हुआ। क्या था वह, वह बोध, जो उस 'वृक्ष' ने उनके मन में तत्काल जगाया? उन्हीं के शब्दों में—

"एक पेड़—केवल एक पेड़—लेकिन उसे वह आकार पा लेने दिया था जो प्रकृति ने उसके लिए आयोजित किया था—एक वृक्ष जो अपने आत्यन्तिक वृक्षत्व की चरम सम्भावनाओं को प्राप्त कर चुका था। वहाँ से स्वाधीनता की एक परिभाषा मुझे मिली जो तब से सर्वदा मेरे साथ रही है। स्वाधीन होना अपनी चरम सम्भावनाओं की सम्पूर्ण उपलब्धि के शिखर तक विकसित होना है।"

अज्ञेय के ही कथनानुसार "उस पेड़ को साथ ले आने का मतलब था एक बहुत बड़े बोझ और उत्तरदायित्व को साथ ले आना।" उस महावृक्ष का वाहन होने का एक अर्थ यह भी था कि उसके बोध के साथ-साथ उन असंख्य बौने और बुच्चे पेड़ों के जंगल का भी एक बोध भीतर धधक उठता है और छटपटाहट पैदा करता है..."तब क्या मैं भी अपने को स्वाधीन मान सकता हूँ?"—अज्ञेय पूछते हैं—"क्या कोई अकेला स्वाधीन हो सकता है? देखा जाय तो यह बोध व्यक्तिगत मोक्ष की उस अपर्याप्तता का बोध सरीखा ही है, जिसने 'अवलोकितेश्वर' की महाकरुणा को उकसाया—अपने मोक्ष को तब तक स्थगित कर देने के लिए—जब तक सभी को मुक्ति नहीं मिल जाती। अज्ञेय स्वयं आगे कहते हैं कि "ठीक यहीं पर स्वाधीनता का ऐसा बोध मानो तपस्या की यन्त्रणा बन जाता है क्योंकि वह मानवमात्र की समान स्वाधीनता के प्रयत्न की अनिवार्यता बन जाता है।"

इसी सन्दर्भ में अज्ञेय ने एक जगह कहा है कि वे कभी ऐसा सोचते थे कि करुणा से व्यक्ति की कर्म की स्वाधीनता खंडित हो जाती है। पर अब वैसा नहीं सोचते।..."आज वयस्कता में जो जानता हूँ, वह इससे भिन्न है, अधिक सत्य है।...स्वाधीनता की सच्ची कसौटी 'मैं' नहीं, 'ममेतर' है। वैज्ञानिक की स्वाधीनता

सत्य के शोध की स्वाधीनता है, किन्तु कलाकार की स्वाधीनता में अनिवार्यतया मूल्य के शोध की स्वाधीनता भी शामिल होनी चाहिए। जिसका अर्थ फिर यह हो जाता है कि साहित्यकार ऐसे समाज में स्वाधीन नहीं हो सकता जो समाज स्वाधीन नहीं है।"

'स्रोत और सेतु' में ही एक और लेख है—'समग्र परिवेश की राजनीति।' इसमें अज्ञेय ने उस पाखंड को उघाड़ा है जिसके चलते हम एक ही साँस में विकेन्द्रीकरण और सांस्कृतिक वैविध्य की बड़ी-बड़ी बातें भी कर सकते हैं और भारतीय जीवन में भारतीय भाषाओं को उनका उपयुक्त स्थान देने से इंकार भी करते रह सकते हैं। एक और कड़वी-खरी बात भी कह देना वे ज़रूरी समझते हैं कि "हमें मानव-जीवन के सम्पूर्ण राजनैतिकीकरण का विष-व्यूह तोड़ना है, असली चुनौती तो वही है।" उसी सिलसिले में गांधी के जीवन और कर्म की प्रखर प्रासंगिकता का भी बड़ा सटीक और मार्मिक बखान उन्होंने किया है जिसे यहाँ उद्धृत करना ज़रूरी लग रहा है। अज्ञेय कहते हैं :

"महात्मा गांधी के जीवनकाल में उनके राजनीतिक आन्दोलन की कई प्रवृत्तियों का मैं कटु आलोचक रहा, किन्तु मैं समझता हूँ जीवन के सम्पूर्ण राजनैतिकीकरण के दुष्परिणामों को गांधी जी अच्छी तरह समझते थे। इसीलिए उनका राजनीतिक चिन्तन सदैव राजनीति को व्यापकतर धार्मिक और आध्यात्मिक सन्दर्भों से भी जोड़ता रहा।...आज के बौद्धिक के लिए इसमें एक बड़ा आदर्श और गहरी शिक्षा निहित है।...बौद्धिक स्वातन्त्र्य का दावा न केवल शुद्ध राजनीतिक दावा नहीं है, बल्कि हमें उसे राजनीतिक दावा बनने भी नहीं देना चाहिए। यह दावा राजनीतिक सन्दर्भ से बड़ा है क्योंकि स्वाधीनता राजनीतिक स्वातन्त्र्य से बड़ी है। बौद्धिक को और विशेष रूप से सर्जनशील कलाकार को केवल राजनीतिक स्वतन्त्रता का दावा न करके कला-जगत की स्वायत्तता का दावा करना है, जो दावा और जिसके लिए किया गया संघर्ष राजनीति से बड़ा हो जाता है।" **(स्रोत और सेतु, पृ. 130-134)**

हम देख सकते हैं कि स्वतन्त्रता अज्ञेय के लिए केवल अनेक मूल्यों में से एक मूल्य नहीं है, बल्कि अन्य सब मूल्यों की आधारभित्ति है। वह मानव की मानवता का प्रमाण है। उसका सृजनशील होना वस्तुतः यह प्रमाण देते रहना ही है। किन्तु आज के युग की विडम्बना यह है कि इतने सर्वव्यापी और सार्वकालिक मूल्य को एकमात्र राजनीतिक सन्दर्भ में घटाकर संकुचित कर दिया गया है। इस विडम्बना का क्या इलाज है? स्वतन्त्रता को पुनः परिभाषित करने की इस दुर्निवार्य चुनौती के सामने खड़े अज्ञेय को साफ़ दीख जाता है कि विकास-क्रम में पाए हुए मूल्य के रूप में स्वतन्त्रता की परिभाषा हमें बहुत दूर नहीं ले जा सकती। विकासवादी व्याख्या पर्याप्त नहीं है। आखिर इसी बीसवीं सदी में ही श्री अरविन्द के लिए यह कैसे सम्भव हुआ कि वे विकासवाद आदि अत्याधुनिक विचारधाराओं

को स्वीकार करते हुए भी मानवात्मा के स्वाधीन कर्तृत्व से उसका बखूबी सामंजस्य बिठा सके और मानव की भविष्यत् सम्भावनाओं का एक प्रगतिशील और आत्मातिक्रामी दर्शन भी प्रस्तुत कर सके—अपने 'मानव-चक्र' (ह्यूमन साइकिल) नामक महत्त्वपूर्ण ग्रन्थ में अज्ञेय के स्वाधीनता-दर्शन के विकास में यह तथ्य बहुत महत्त्व रखता है कि वे भी विकासवादी चौखट्टे को लाँघकर मानव-स्वातन्त्र्य के आध्यात्मिक आधार और आयाम को उत्तरोत्तर अधिकाधिक स्पष्टता से पहचानते जाते हैं। तभी तो वे कह सकते हैं कि—

"भारत ही एक ऐसा देश है और भारतीय संस्कृति ही ऐसी संस्कृति, जिसमें आरम्भ से ही संस्कृति की परिभाषा को लेकर उठ खड़े होने वाले राजनीतिक बनाम आध्यात्मिक के विवाद का निराकरण हो गया है।...भारतीय दृष्टि से संस्कृति के क्षेत्र में 'धार्मिक बनाम लौकिक' जैसा कोई विरोध-सम्बन्ध बनता ही नहीं था, उसका सार्थक होना तो दूर की बात। दूसरी ओर पश्चिम के चिन्तन में आरम्भ से ही 'रेलीजियस बनाम सेक्यूलर' अथवा 'सैक्रेड बनाम प्रोफ़ेन' का बुनियादी द्वन्द्व रहा।..."

इसका अर्थ यही हुआ कि स्वातन्त्र्य-दर्शन का सबसे गहरा और व्यापक आधार भारतीय संस्कृति में उसके मूलोद्गम पर ही विद्यमान है—आध्यात्मिक आधार, जो धार्मिक बनाम लौकिक के विरोध से मुक्त और परे है। निश्चय ही, जैसाकि उस 'पेड़' के साक्षात्कार से कवि ने पहचाना था, स्वतन्त्रता के इस दर्शन में ममेतर की स्वतन्त्रता के समान अधिकार की पहचान और उसका स्वीकार भी अनिवार्य हो जाता है। यहीं पर व्यक्ति और समाज के सम्बन्ध का और उसे नियन्त्रित करने वाली व्यवस्था का प्रश्न उठता है। सब कुछ का राजनीतीकरण क्या हमारे बुद्धिजीवियों के लिए उस तरह चिन्ता का विषय है जिस तरह वह अज्ञेय के स्वातन्त्र्य-विमर्श में है? ज़रा देखें तो सही, अज्ञेय इसी सिलसिले में आगे क्या कहते हैं—

"...उन्नीसवीं शती के उत्तरार्द्ध में पश्चिम की पहली प्रतिक्रिया के रूप में देश में एक सांस्कृतिक पुनरुज्जीवन की पौ फटती दीखी थी। गाँधी जी के युग में निरी प्रतिक्रिया से आगे बढ़कर हम सांस्कृतिक पुनरुज्जीवन की धनात्मक अवधारणा भी करने लगे थे, अपनी प्रत्यभिज्ञा की देहरी पार करने के लिए पैर उठा रहे थे कि वहीं हम जड़ हो गये। पिछले पचास वर्षों में देश में आर्थिक उन्नति हुई, बड़ा औद्योगिक विकास हुआ, विश्व-मंच पर भारत एक महत्त्वपूर्ण शक्ति के रूप में भी जाना जाने लगा है, लेकिन व्यापकतर मानवीय सन्दर्भ में हमें मानना होगा कि आज हमारे पास न कोई विश्व-दर्शन है, न कोई आत्म-दर्शन। **(स्रोत और सेतु, पृष्ठ-238)**

क्या अज्ञेय की यह आलोचना व्यक्ति, समाज और व्यवस्था के स्वस्थ सम्बन्ध की यथातथ्य पहचान में से ही नहीं निकल रही है? आखिर अज्ञेय आजीवन साहित्य की स्वायत्त गरिमा पर क्यों इतना बल देते रहे? इसीलिए न, कि... "रचनात्मक कर्म के लक्ष्य राजनीति से बड़े होते हैं और इसलिए दमन के युग में जो रचनाएँ बच जाती हैं, जिन्हें झुकाया या तोड़ा नहीं जा सकता, वे वही रचनाएँ होती हैं, जिन्होंने केवल राजनीतिक प्रतिबद्धता के कारण अपने को पंगु या वेध्य नहीं बना लिया होता। उनकी प्राणवत्ता का स्रोत बहुत गहरा होता है। राजनीति उस गहराई तक पहुँच नहीं सकती कि उसे अवरुद्ध कर सके।"...तो, क्या उस स्रोत की पहचान और जतन करना ही साहित्यकार और बुद्धिजीवी के रूप में हमारा कर्तव्य नहीं होना चाहिए? बड़े खेद की बात है कि हिन्दी की वर्तमान साहित्यिक दलबन्दी में तो अज्ञेय के इस स्वातन्त्र्यनिष्ठ जीवन-दर्शन और शब्द-साधना का अनवरत विरोध होता ही रहा, गतानुगतिक-रीढ़विहीन विश्वविद्यालयी हलकों में भी उसकी उपेक्षा और अपव्याख्या निर्बाध चलती रही। मात्र इस कारण, कि अज्ञेय निरन्तर अपनी इस निष्ठा पर दृढ़ रहे कि..."अन्याय का मुक़ाबला करने का बल साहित्य की राजनीतिक प्रतिबद्धता से नहीं, बल्कि किसी भी प्रतिबद्धता के अस्वीकार से आता रहा है।" मात्र इसलिए, कि उन्होंने स्वतन्त्र व्यक्ति और स्वतन्त्र वर्धनशील समाज के सम्बन्ध को राजनीति से कहीं अधिक विस्तृत और गहरे आयाम में—समूची मानव-संस्कृति में व्याप्त देखा—दिखाया और अपनी इस निष्ठा को चरितार्थ भी किया कि "स्वतन्त्रता मानव-मन का नहीं, मानव-आत्मा का कुसुमन है।"

यहाँ थोड़ा ठहरकर आधुनिक भारत ही क्यों, आधुनिक विश्व के भी एक सर्वथा मौलिक और अन्तर्दृष्टि-सम्पन्न विचारक की 'अत्यन्त महत्त्वपूर्ण और विचारोत्तेजक कृति 'मानव-चक्र' का थोड़ा हवाला देना प्रस्तुत विषय के सन्दर्भ में उपयोगी होगा। इस विवेचना में श्री अरविन्द मानव-समाज की प्रगति के विभिन्न सोपानों का उल्लेख करने के बाद भारत के अपने समकालीन युग को 'व्यक्ति-प्रधान युग' निरूपित करते हैं—अर्थात् रूढ़ि-प्रधान युग के विरुद्ध प्रगति का युग। इससे पूर्व के रूढ़ि-युग की व्याख्या करते हुए भारत के सन्दर्भ में वे दर्शा चुके हैं कि 'सन्तों और धार्मिक सुधारकों की प्रेरणा कितनी ही शक्तिशाली क्यों न हो, काल-गति के प्रभाववश उनका प्रभाव क्षीण होने लगता है।' गौर करने लायक है कि ठीक यही बात तुलसीदास ने भी 'मानस' में किसी पात्र के मुँह से कहलाई है : 'काल सुभाउ करम बरिआई/ भलेउ प्रकृति बस चुकइ भलाई।' आगे श्री अरविन्द कहते हैं—

"यह पतनोन्मुख गति हमें भारत के पिछले एक हज़ार वर्षों में उसकी बढ़ती हुई अन्धकारमय अवस्था तथा असहायता में दिखाई देती है। शक्तिशाली महापुरुषों

के सतत प्रयत्नों ने लोगों की आत्मा को तो जीवित रखा, परन्तु प्राचीन **स्वातन्त्र्य-शक्ति की धारा** को–उसके सत्य और ओज को वे पुनरुज्जीवित नहीं कर सके; न ही दुष्प्रभावों से अभिभूत-जड़ीभूत समाज को सचमुच पूरी तरह जगा सके। कुछ ऐसी ही प्रक्रिया यूरोप की धर्म-परम्परा तथा कैथोलिक सम्प्रदाय के बार-बार के नैतिक अधःपतन में दिखाई देती है। तब फिर एक ऐसा समय आता है जब सत्य और रूढ़ि के बीच की खाई असह्य हो उठती है और बौद्धिक शक्तिसम्पन्न व्यक्तियों का प्रादुर्भाव होता है। ये स्वातन्त्र्यचेता प्रबुद्ध व्यक्ति साँचे ढले रूपों ओर रूढ़ियों का दृढ़तापूर्वक प्रतिकार करते हुए मानवात्मा के बन्दीगृह की भित्तियों पर प्रहार करते हैं और अपनी स्वाधीन मनीषा; नैतिक आदर्शवादिता तथा भाव-ऊर्जा के बूते फिर से उस सत्य की खोज एवं प्रतिष्ठा करते हैं जिसे समाज विस्मृत कर चुका होता है। तभी धर्म, विचार और समाज-निर्माण के व्यक्ति-प्रधान युग की सृष्टि होती है, तर्क तथा विद्रोह के युग का, प्रगति तथा स्वातन्त्र्य-चेतना के युग का आरम्भ होता है।"

अनन्तर श्री अरविन्द इस सोपान की भी सीमाओं का उद्घाटन करते हुए आगामी अनुभव प्रधान युग का संकेत करते हुए एक नवीन आवर्तनशील विकास-क्रम को स्वायत्त करने की बात करते हैं, जिसका उनके कथनानुसार, "अब उदय हो रहा है और जो मानव की अन्तरतम आध्यात्मिक, कलात्मक, बौद्धिक और नैतिक प्रगति को समग्रता में चरितार्थ करना चाहता है।"

नये भारत की, स्वाधीन भारत की जो छवि अज्ञेय की कविता में प्रकट होती है, वह भी एक पश्चिमी तर्ज के प्रजातन्त्र की अनुकृति भर नहीं है। श्री अरविन्द जिस तरह मानवात्मा की प्रगति में पश्चिमी विचारों के योगदान को सराहते-स्वीकारते हुए भी भारत की अपनी सुदीर्घ साधना के मर्म को, उसके आत्मनिर्भर नियति-बोध को समूची मानवता के सन्दर्भ में दृढ़तापूर्वक थामे रहने के संकल्प से प्रेरित थे उसी तरह अज्ञेय की 'जनवरी छब्बीस' कविता भी कहती है–

किन्तु रूपाकार यह केवल प्रतिज्ञा है
उत्तरोत्तर लोक का कल्याण ही है साध्य
अनुशासन उसी के हेतु है।

कवि अपने देशवासियों का आह्वान करता है–'अपने उसी धुँधले युगों के स्वप्न की शोध में बढ़ चलने के लिए।' क्या है वह स्वप्न? वही उसी मनुष्य की छवि जो अपनी दिव्यता की अनुभूति कर सकता है और इसी बूते अभयचेता स्वातन्त्र्य की साधना में प्रवृत्त हो सकता है। बौद्धिक घृणा और प्रतिद्वन्द्वितापूर्ण व्यवसाय को जन्म देने वाली, तथा विश्व का अवधारणात्मक वशीकरण करके स्वयं

को कृतकृत्य समझ लेने वाली मनोवृत्ति वह नहीं है। वह उस नर की छवि है जिसकी आँखों में नारायण की व्यथा भी है। प्राण की वही छटपटाहट जो कवि को सार्थक विद्रोह के लिए प्रेरित करती थी, वही उस आस्था को भी सम्भव करती है जो कवि से कहलवाती है—

है राह कुहासे की तक ही नहीं,
पार देहरी के है।
मैं हूँ तो वह भी है।

'मैं जीना चाहता हूँ'—इसका अज्ञेय की दृष्टि मे मानव के लिए जो अर्थ है, वह यही है कि मैं स्वाधीन रहना चाहता हूँ : 'समाज से' स्वाधीन नहीं 'समाज में' स्वाधीन; क्योंकि समाज भी स्वाधीनता के शोध और प्रयत्न के लिए रचा गया साधन ही है। अज्ञेय जानते थे कि "श्रद्धा के क्षेत्र के प्रश्नों का उत्तर विज्ञान नहीं दे सकता—ठीक वैसे ही, जैसे विज्ञान के क्षेत्र के प्रश्नों का उत्तर श्रद्धा से नहीं मिलता।" अज्ञेय की मानववादी आस्था का उल्लेख तो बहुत होता है किन्तु ध्यान देने की बात यह है कि अज्ञेय की प्रश्नाकुलता का स्वरूप और विकास-क्रम क्या है। किस तरह वह क्रमशः गहराती जाती है और किस तरह वह पारम्परिक श्रद्धा-बुद्धि के तात्त्विक आधार को आधुनिक संवेदन और आधुनिक बुद्धि के धरातल पर अपनी तीक्ष्णतम अनुभूतियों की शब्दावली में स्वायत्त करने का उपक्रम करती है। परमात्मा को अमान्य कर देने पर आत्मा को मानने का आधार नहीं रहता और विवेक, अन्तरात्मा की आवाज़ आदि भी सापेक्ष हो जाते हैं—इस कठिनाई का सामना करते हुए, अज्ञेय इस निष्कर्ष तक पहुँचते हैं कि "मानवतावाद परलोकवाद का खंडन करता है, धर्म का नहीं।" मानव अपने से बड़े मूल्यों का स्रष्टा है—इस विरोधाभासी प्रतीति में ही आवश्यक नैतिकता का मूल प्रश्न और उसका उत्तर भी मिल जाता है, ऐसा उनका सोचना था। यह भी, कि इन मूल्यों में भी सबसे प्रमुख मूल्य वरण की स्वतन्त्रता का मूल्य है।

इस सन्दर्भ में अज्ञेय के चिन्तन का आगे भी विस्तार होता है। 'भविष्य और साहित्य' पर विचार करते हुए अज्ञेय पाते हैं कि "आशा का आधार कवि अथवा सर्जक में नहीं, स्वयं भाषा में है।" यों तो मनुष्य की सबसे बड़ी उपलब्धि भाषा है और वहीं से उसने स्वातन्त्र्य की प्रथम अनुभूति पाई, यह तो अज्ञेय पहले ही कह चुके थे। अब, मगर वे ज़ोर देकर एक नयी बात उचारते हैं कि "मनुष्य शायद भाषा की शक्ति का स्रष्टा नहीं है, केवल उसका आविष्कर्ता है। भविष्य के लिए, आशा उस शक्ति की प्रत्यभिज्ञा में ही है। वह पहचान अगर है तो मनुष्य अपने को बचा लेगा।" यह भी, कि..."यदि यह पहचान मनुष्य में नहीं है तो फिर मनुष्य में ऐसा क्या है कि जिसके लिए हम उसी को बचाने की चिन्ता करें?"

अज्ञेय के एतद्विषयक चिन्तन का सर्वाधिक परिपक्व रूप 'स्मृति के परिदृश्य' शीर्षक दो व्याख्यानों में उजागर हुआ है। यहाँ अज्ञेय पाते हैं कि "भारत में धर्म न केवल सांस्कृतिक आधार है, बल्कि जिसे आधुनिक अर्थ में संस्कृति कहा जाता है, वह धर्म के अनुष्ठान पक्ष का एक विस्तार ही रही। ईसाइयत एक प्रवर्तक और एक आदि-बिन्दु से जुड़ी है। भारत में धर्म का स्वरूप बिल्कुल भिन्न है। ईसाई मत जिस तरह की ऐतिहासिकता का दावा करता है, वैसा दावा भारतीय सन्दर्भ में कोई अर्थ नहीं रखता। इसलिए भारतीय सभ्यता में एक बहुकेन्द्रिकता रही, जिसके कारण ऐतिहासिकतावाद से आक्रान्त होकर भी वह अपनी अस्मिता को टूटने से बचा सकी।"

आगे अज्ञेय कहते हैं कि स्मृति ही वह गतिशील सर्जनात्मक तत्त्व है, जो काल, इतिहास, साहित्य और हाँ, भाषा के भी नये परिदृश्य रचता जाता है। मगर त्रासदी यह है कि आधुनिक जीवन की प्रवृत्तियाँ स्मृति के परिदृश्य को लगातार छोटा करती जाती हैं। निपट वर्तमान की संकुलता इस कदर हावी हो जाती है कि हमें न स्मरण के लिए समय मिले, न हमारी चेतना ही उधर प्रवृत्त हो पाए। अज्ञेय के सामने तब प्रश्न उठता है कि "भाषा, अनुभव और स्मृति के इस अनवरत दरिद्रीकरण में साहित्यकार का क्या कर्तव्य बनता है?" इसका उत्तर उन्हीं के शब्दों में यह है कि "हमारी स्मृति के परिदृश्य उस बिन्दु से बनते हैं जिस पर हम खड़े होते हैं। किसी भी देश का साहित्य उस देश के द्रष्टाओं द्वारा स्वीकृत और प्रतिष्ठापित परिदृश्यों को प्रस्तुत करता है। उनकी स्मृतियों का सर्जनात्मक सम्प्रेषण करता है। तो प्रामाणिकता की कसौटी का क्षेत्र यही है, जहाँ ये सारे परिदृश्य टकराते हैं।"

स्मृति की सत्ता की यह नयी पहचान, नया बोध जहाँ अज्ञेय के चिन्तन में नया आयाम जोड़ता है, उनके स्वातन्त्र्य-दर्शन को भी नया विस्तार देता है, वहीं उनके कवि-कर्म को भी एक नया खुलापन देता है। 'ऐसा कोई घर आपने देखा है' नामक अन्तिम संग्रह की रचनाएँ और अप्रकाशित 'मरुथल' सीरीज़ की कविताएँ इस दृष्टि से उल्लेखनीय हैं। खास तौर पर 'आर्फेउस' नाम की काव्य-शृंखला, जिसके पीछे कार्यरत अन्तःप्रक्रिया पर उक्त व्याख्यानों से प्रकाश पड़ता है। तनिक ध्यान दें, कवि-चिन्तक की इस साखी पर–

"कवि को मिलने वाला आलोक दिव्य इसलिए है कि वह स्मृति का आलोक है और वह स्मृति तर्कातीत है। स्मृति के परिदृश्य इतिहास के परिदृश्य नहीं हैं, बल्कि इतिहास से मुक्ति के परिदृश्य हैं। यह दिव्य प्रकाश तथ्यों को मूल्यों से वेष्टित करता है। कवि के लिए यह मुक्त करने वाला मूल्य ही केन्द्रीय तत्त्व है और उसी के आसपास सारा संसार घूमता है।...इसी बोध का प्रकाश कवि की भाषा को अपूर्वानुमेय बना जाता है। अन्यथा तो भाषा एक सामाजिक समय है :

समाज में सम्प्रेषण का आधार वही हो सकता है जो पूर्वानुमेय है...पर सर्जनात्मक भाषा अपूर्वानुमेय होती है, बन्धनों से मुक्त करती है और मुक्ति के नये गलियारे उद्घाटित करती है।"

स्पष्ट ही, 'मुक्ति के नये गलियारों' की यह पहचान अज्ञेय के स्वातन्त्र्य विमर्श में एक नया अध्याय जोड़ती है। उन्हें अपनी अवस्थिति की पहचान थी, जैसा कि बिरले लेखकों को हुआ करती है। उन्होंने इस त्रासद तथ्य को भी रेखांकित किया है कि "हमारे अनुभव का प्रसार बहुत अधिक फैल गया है, लेकिन उस अनुभव का सार-तत्त्व लगातार सिकुड़ता गया है।" इसीलिए बीसवीं सदी के पश्चिमी साहित्य में मिथकीय परिवेश में जीने के प्रयत्न की मूल्यवत्ता उन्होंने पहचानी थी। स्वयं उत्तर-काव्य में यह मूल्यवत्ता बखूबी पहचानी जा सकती है। उसके पीछे उन्हीं के द्वारा 'संवत्सर' व्याख्यानमाला में अभिव्यक्त इस सत्य की गूँज भी सुनाई देती है कि "अनुभव का कालातीत या शाश्वत आयाम मनुष्य की आवश्यकता है। नहीं तो उसका जीना, उसका व्यक्तित्व और उसकी अस्मिता काल के बिकाऊ यान्त्रिक रूप से आहत होकर नष्ट हो जाएगी।"

टी.एस. इलियट ने एक जगह साफ़ क़बूल किया है कि "भारतीय दर्शन का अवगाहन करते हुए एक बिन्दु ऐसा आया, जब मुझे लगा कि अब इससे आगे बढ़ा तो मैं कहीं अपनी यूरोपियन अस्मिता को ही न गँवा बैठूँ!" क्या अज्ञेय को भी कभी पश्चिम के धर्म-दर्शन के भीतर गहरे पैठते हुए खुद अपनी सांस्कृतिक अस्मिता खो बैठने के भय ने सताया होगा? उसी शताब्दी में श्री अरविन्द और महात्मा गांधी ने पाश्चात्य संस्कृति के भीतर कितनी गहरी डुबकी लगाई थी। वे तो अपनी अस्मिता खोने के बदले उसे नये सिरे से परिपुष्ट करके लौटे। क्या अज्ञेय के बारे में भी यही सच नहीं है? उस अज्ञेय के बारे में, जो युवावस्था में सचमुच के स्वतन्त्रता-सेनानी होने के साथ-साथ प्रौढ़ावस्था में अपनी सांस्कृतिक परम्परा के सर्वोच्च मूल्य 'आत्म-प्रतिष्ठित स्वातन्त्र्य' के भी सहज उन्मेष्टा और अनूठे राजक चिन्तक भी बने?

जब तक नहीं पालूँगा अपने से इतर अपने को
कैसे होगी मुझे अपनी भी पहचान?

यह बात इस तरह टी.एस. इलियट कदापि नहीं कह सकते थे। यह केवल आधुनिक भारतीय कवि अज्ञेय ही कह सकते थे। यह भी, कि

कितनी दूर जाना होता है पिता से
पिता जैसे होने के लिए!

अज्ञेय को पढ़ना-समझना क्यों ज़रूरी है?

"अज्ञेय हिन्दी का दिखाने का दाँत हैः 'एक्सपोर्ट कमोडिटी' कहा जाता है जिसे, कुछ वैसा।" यह बातस्वयं अज्ञेय ने एक फ़र्माइशी 'आत्म-कथ्य' के सिलसिले में कही है। इस कथन में छुपे व्यंग्य की धार को महसूस करना उनके लिए तो आसान है ही, जिन्होंने अज्ञेय को सचमुच बड़े चाव से और जमके पढ़ा है; पर साथ ही उनके लिए भी अब आसान हो जाना चाहिए जिन्होंने जानते-बुझते अथवा विशुद्ध नासमझी और प्रमादवश अज्ञेय की सार्वजनिक छवि को बिगाड़ने में कोई कसर अपनी ओर से नहीं छोड़ी। राष्ट्रकवि मैथिलीशरण गुप्त को अज्ञेय अपना गुरु मानते थे : दसियों जगह उन्होंने गर्वपूर्वक ऐसी घोषणा की है। किन्तु उन्हीं के एक लेख से हमें यह मज़ेदार जानकारी भी मिलती है कि एक बार जब किसी विश्वविद्यालय के हिन्दी विभाग में उन्हें प्रोफ़ेसर के पद पर नियुक्त करने की पेशकश हुई तो चयन समिति के ही एक सदस्य सलाहकार ने—यह राय ज़ाहिर की थी कि "विदेशी विश्वविद्यालयों के लिए तो अज्ञेय बहुत ही उपयुक्त नाम हैं; किन्तु... यहाँ के लिए, पता नहीं... कैसे रहेंगे।" ...वही 'एक्सपोर्ट कमोडिटी वाली बात।

सवाल हैः किसी भी भाषा और समाज में साहित्यकार की क्या भूमिका होती है? एक तो यह, कि उसकी रचनाओं में समाज प्रतिबिम्बित होता हैः साहित्य समाज का आईना है, यह उक्ति प्रसिद्ध ही है। किन्तु इससे भी कहीं गहरी बात यह है कि साहित्यकार समाज के अन्तःकरण को गढ़ता है : तभी न 'पोर्ट्रेट ऑव दि आर्टिस्ट' नामक उपन्यास के नायक से विश्वप्रसिद्ध लेखक जेम्स ज्वाइस ने कहलवाया है, "जय हो जीवन देवता की! मैं अपनी आत्मा के लुहारख़ाने में मानव-जाति का अन्तःकरण गढ़ने जा रहा हूँ," आप भारतीय समाज को ही देख ले : कौन हैं, कौन रहे हैं उसके सर्वाधिक प्रभावशाली 'रोल मॉडल्स' और वे किसके बनाए हुए हैं? सीता हो या द्रौपदी, राम हो कि कृष्ण, शिव हो कि पार्वती, अर्जुन हो कि युधिष्ठिर, कर्ण हो कि एकलव्य, व्यास हो कि वाल्मीकि, वशिष्ठ हो कि

विश्वामित्र, नारद हो कि हनुमान, सावित्री हो कि नचिकेता, ...गोरा हो कि होरी, लहनासिंह हो कि वामनदास; सभी सर्जकों की कल्पना की सृष्टियाँ ही न हैं! परिवर्तनशील, किन्तु नित्य-नूतन, आदर्श और यथार्थ के बीच दौड़ती इस विद्युत तरंग का नाम ही तो साहित्य है जो हमें नेकी और बदी की, राग और विराग की, सत्य और असत्य की राग-दीप्त पहचान कराता है। शाश्वत जीवन-मूल्यों की भी और युगीन यथार्थ की भी। 'गोरा' और 'गोदान' उसी समय, उसी युग परिवेश के जीवन्त सन्दर्भों में ही रचे जा सकते थे। 'शेखर : एक जीवनी' भी। 'आरोग्यनिकेतन' और 'अपने-अपने अजनबी' भी जीवन और मृत्य के सदाजाग्रत प्रश्नों से जूझते हुए उन्हें उनकी निपट तात्कालिकता में ही उजागर करते है। शतरचन्द्र के 'शेष प्रश्न' की नायिका कमल हमें भारतीय स्त्री की जिस नयी बौद्धिक तर्कशील छवि से परिचित कराती है, अज्ञेय के 'नदी के द्वीप' की रेखा भी क्या उसी अन्तर्यात्रा के अगले मोड़ को नहीं झलकाती?

अपने-अपने स्तरों पर नीतिकारों और धर्माचार्यों और विविध अनुशासनों से जुड़ी विद्वानों की मंडलियाँ भी मानव-समाज की गतिविधियों को संचालित-नियन्त्रित करने में अपनी भूमिका निबाहती ही है। सवाल यह है कि इन सबके रहते साहित्य और साहित्यकार की क्या आवश्यकता है; क्या प्रयोजन है? सामान्यतः हम यही कहके छुट्टी पा लेते हैं कि साहित्यकार रूप-सृष्टा होता है, सौन्दर्यबोध से प्रेरित होता है, यही उसका विशिष्ट स्वभाव और गुण है जो उसे औरों से अलग अपने समाज के लिए उपयोगी बताता है। किन्तु यह बहुत अधूरी और भ्रामक धारणा है। अज्ञेय के साहित्यिक कृतित्व में ही, मसलन, सौन्दर्य-बोध और शिवत्व-बोध दोनों इतनी तीव्रता और गहराई से संयुक्त है कि उन्हें एक-दूसरे से अलगाया नहीं जा सकता। स्वयं सौन्दर्य भी उनके लिए कर्म-सौन्दर्य से सर्वथा अलग और निरपेक्ष नहीं; उनकी कहानियाँ ही पढ़ जाइए; जहाँ आप उनके शिल्प कौशल को सराहे बिना नहीं रह सकते, वहीं वे आपके नैतिक-संवेदना को, प्रश्नाकुलता को भी बराबर छेड़ती-उकसाती है : आपको तटस्थ नहीं रहने देती। ठीक यही बात अज्ञेय के जीवन और व्यक्तित्व के बारे में लागू होती देखी जा सकती है—जहाँ तक वह हमें सुलभ है—उन्हें निकट से जानने वालों के संस्मरणों इत्यादि से। अज्ञेय का साहित्य इसीलिए महत्त्वपूर्ण और प्रासंगिक है कि उसमें हमारे युग-परिवेश की लगभग सभी चिन्ताएँ, समस्याएँ और विशेषताएँ प्रतिबिम्बित हुई हैं। नैतिक अंतर्द्वंद भी। इतनी तीक्ष्ण संवेदनशीलता के साथ इतनी जागरूक बौद्धिकता और विवेकमत्ता का मेल कितना विरल है, यह हम तभी समझ सकेंगे जब उनके साथ-साथ उनके समकालीन लेखकों के कृतत्व का भी तुलनात्मक अवगाहन करेंगे। क्या कविता, क्या कहानी, क्या उपन्यास, क्या निबन्ध, क्या आलोचनात्मक चिन्तन और क्या संस्मरण-डायरी... सभी विधाओं पर अज्ञेय ने अपनी छाप छोड़ी

है; और इसका अर्थ यह कदापि नहीं है कि वे हरफनमौला बनना चाहते थे ; बल्कि यह है कि उनकी चिन्ता-संवेदना समग्र मानव की चिन्ता-संवेदना है, न कि किसी एक पहलू की ; वे सच्चे, पूरे अर्थों में प्रतिबद्ध कलाकार हैं; जीवन के किसी एक आयाम को, किसी एक विचारधारा को पकड़कर उसी में समग्र को घटा देने या उसी के हिसाब से मानव-मन और जीवन की सारी गहराइयों और ऊँचाइयों को सपाट कर लेने का आसान और अन्ततः विभाजनकारी रास्ता उन्हें कबूल नहीं। जो कि सचमुच किसी भी बुद्धिशाली मनुष्य को स्वीकार नहीं हो सकता। क्योंकि ऐसा करना जीवन की और स्वयं मानव-मन की जटिलता और समग्रता को नकारना है; उसे यथावत् साक्षात् करने से कतराना-बचना है। इसी सिलसिले में अज्ञेय के काव्य और कथा-साहित्य के अतिरिक्त और साथ ही साथ उनके विचार-सामर्थ्य का सही-सही परिचय पाना आवश्यक है। इसके लिए आलोचकों को नहीं, सीधे अज्ञेय को ही पढ़ना होगा। सबसे पहले उनकी डायरी को, जिसे वे 'अन्तः प्रक्रियाएँ' नाम देना पसन्द करते थे। इनके तीन संकलन है; 'भवंती;, 'अंतरा' और 'शेषा'। इनमें पैठना अज्ञेय के दिलो-दिमाग की हरकतों की वह सारी अन्दरूनी जानकारी हासिल कर लेना है जो न केवल अज्ञेय के कृतित्व की मूल प्रेरणाओं को झलकाती है, बल्कि आज के परिवेश से एक सच्चे-पूरे बुद्धिजीवी का कैसा-क्या रिश्ता होना चाहिए, उसमें उसकी क्या भूमिका है, इसको भी बखूबी स्पष्ट कर देती हैं। इन डायरी-पुस्तकों के बाद उनके सार्वजनिक व्याख्यानों का संग्रह 'अद्यतन' तथा साक्षात्कारों की पुस्तकें 'अपरोक्ष' तथा 'रचना क्यों कैसे?' को पढ़ना लाभदायक होगा। 'आत्मनेपद' तथा 'स्रोत और सेतु' भी। अज्ञेय के इस बौद्धिक पक्ष को सही-सही पूरा-पूरा जाने बिना लेखक के रूप में हिन्दी साहित्य को उनके योगदान का सही मूल्यांकन नहीं हो सकता, न भारतीय साहित्य परम्परा में उनकी ठीक-ठीक अवस्थिति क्या है, इसका ही निर्धारण किया जा सकता है। अज्ञेय हमारे लेखकों के बीच सबसे ज़्यादा 'ज्ञेय' लेखक हैं, सम्प्रेषण पर जितना बल उन्होंने दिया है, उनके किसी अन्य समानधर्मा ने नहीं दिया होगा। और, यह सिर्फ बल देने भर की बात नहीं है। इतना तर्कशुद्ध और सुस्पष्ट चिन्तन हिन्दी गद्य में विरल ही कहा जाएगा। वे जिस तरह कवि के रूप में अपने भावों में पानी नहीं मिलाते—अपने पाठक को अपने समान ही भाव-समर्थ और संवेदनशील मानकर चलते हैं, ठीक उसी तरह वे विचार करते हुए भी एकाग्र और यथातथ्य बने रहते हैं : न भाषा की फिजूलखर्ची, न भाव की। बात अचूक और यथावत् पाठक तक पहुँचे, इसलिए अतिरिक्त वाग्मिता और अलंकरण के प्रलोभन से वे दूर ही रहते हैं। जबकि ज़्यादातर लोग-लेखक तक बिना नमक-मिर्च मिलाए और बिना राग-द्वेष और पूर्वाग्रह के विचार कर ही नहीं पाते।

यह अचूक मात्रा-ज्ञान, भाव-संयम और आत्मानुशासन अज्ञेय के साहित्य की

सबसे बड़ी खूबी और सबसे चारित्रिक पहचान है। यहाँ इस बात पर ज़ोर इसलिए दिया जा रहा है कि ये लेखक मात्र के लिए स्पृहणीय और अत्यावश्यक गुण है। किन्तु हमारा ज़्यादातर सामूहिक और साहित्यिक आचरण इनके खिलाफ़ जाता है। हम विचार करते हुए भावुक हो जाते हैं और जहाँ भाव सघन अभिव्यक्ति चाहिए, वहाँ बौद्धिकता बघारने लगते हैं। चूँकि स्वाधीन, सचमुच स्वाधीन होना, बगैर भयमुक्त मानसिकता और गहरी दायित्व भावना के सम्भव-नहीं है इसलिए हम एक सुरक्षा की बाड़ खड़ी करके उसमें बन्द हो जाते हैं और इस तरह एक आत्महीन और नितान्त बाहर से थोपा हुआ अनुशासन ओढ़कर प्रतिबद्ध और जिम्मेदार होने की आसान खुशफहमी पाल लेते हैं, अज्ञेय का कृतित्व (और व्यक्तित्व) हमें इस आत्मप्रवंचना से सावधान करता है ; और स्वाधीन लेखकीय तेजस्विता क्या होती है, तथा एक आत्मविश्वास-सम्पन्न समाज की रचना में वह किस तरह सहायक हो सकती है, होती है, इसका प्रत्यक्ष उदाहरण और प्रत्यक्ष वस्तुपाठ बन जाता है। अंग्रेज़ी में जिसे 'रेस्पॉन्सिबल राइटिंग' कहा जाता है उसका उत्कृष्ट नमूना है अज्ञेय का लेखन। फिर वह चाहे कविता-उपन्यास जैसी विशुद्ध साहित्यिक विधाओं वाला लेखन हो, चाहे पत्रकार-कर्म। प्रसंगवश, यह उल्लेख ज़रूरी है कि अज्ञेय का पत्रकार-कर्म भी उनके सामाजिक-राजनीतिक बन्दी होने के कारण चूँकि सच्चिदानन्द वात्स्यायन के नाम से रचना प्रकाशित कराना असम्भव था—कोई उपनाम उस वक्त अनिवार्य था—तो महज़ संयोगवश थोप दिया गया यह उपनाम ही उनसे चिपक गया। जबकि उनका काम जैसा पारदर्शी है, उसके साथ उस 'अज्ञेय' उपनाम की कोई संगति नहीं बैठती। आप कहीं से भी उनके गद्य को उठाकर देखें—अस्पष्टता और दुरुहता का नामोनिशान तक नहीं पाएँगे। ये लीजिए दो नमूने उनके वैचारिक गद्य के; एक हमारी विशेष जीवी बुद्धि और नकलची आधुनिकता को लताड़ता; और, दूसरा सर्जक कलाकार के लिए बौद्धिक स्वाधीनता का क्या अर्थ है, क्यों वह मूल्यवान है, इसको स्पष्ट करता हुआ पहला नमूना देखें, वे कहते हैः—

"हमारे साहित्य में न तो हमें अपनी अनास्था दीखती है, न अपनी आस्था दीखती है, न अपनी चिन्ता दीखती है, उनकी चिन्ता, उनकी अनास्था, उनका त्रास हमको दीखता है, और उस आधार पर हम अपने को आधुनिक मानते हैं। हमारी क्या चिन्ता होनी चाहिए, इसकी कोई चिन्ता हमको नहीं है।"

इससे ज़्यादा दो टूक आलोचना हमारे तथाकथित बुद्धिजीवियों और लेखकों की क्या होगी? अज्ञेय हिन्दी साहित्य में आधुनिक भावबोध के प्रवर्तक माने जाते हैं। उपर्युक्त उद्धरण से जाहिर होता है कि आधुनिकता की उनकी अपनी स्वतन्त्र और मौलिक समझ है जो उनके भारतीय होने के बोध से गहरे रचनात्मक रिश्ते में ढली है। वे पश्चिम को बराबरी के धरातल पर अपने भारतीय अनुभव और चिन्तन

की शर्तों पर भेंटते हैं, इसलिए उनका आधुनिक भावबोध भारतीय सृजन-चिन्तन-परम्परा के स्वाभाविक विकास की दिशा में गतिशील है। इसीलिए इससे अलग जो परमुखापेक्षी और अनुकारी मुद्राएँ उन्हें आधुनिकता या प्रगतिशीलता के नाम पर अपने साहित्यिक परिवेश में सक्रिय दिखाई देती है, उनपर वे सीधी चोट करते हैं। बख़्शते नहीं उसे बिल्कुल।

अब दूसरा नमूना देखिए—जिसमें एक वास्तविकता स्वतन्त्रता संग्रामी और क्रान्तिकारी लेखक का अन्तःकरण और अनुभव बोल रहा है; न कि किसी ड्राइंगरूम बुद्धिजीवी या लेखक के भेष में विचरते दलबन्द कार्यकर्ता का। अज्ञेय राजनीति की मानवीय जीवन में क्या जगह है, और क्या होनी चाहिए, इसे यथातथ्य और बखूबी समझते थे, और साहित्य क्यों राजनीति से वृहत्तर, और उच्चतर मूल्य-चेतना के धरातल की वस्तु है, इस तथ्य को भी इसलिए वे साहित्य के राजनैतिक इस्तेमाल के सख़्त खिलाफ़ थे। देखिए, वे क्या कह रहे हैं अपने 'स्रोत और सेतु' में : पूरी बात तो मूल को पढ़कर ही खुलेगी, उद्धरण तो उद्धरण ही होता है। वे कहते है—फिर भी...सुन लीजिए... बहुत अर्जेंट बात है : वे कहते हैं।

"हमारी आज की जो असल चुनौती है वह यहीं से आरम्भ होती है कि हमें मानव जीवन के सम्पूर्ण राजनैतिकीकरण का विषब्यूह तोड़ना है... जीवन के सम्पूर्ण राजनैतिकीकरण के दुष्परिणामों को गांधी जी अच्छी तरह समझते थे। इसीलिए उनका राजनैतिक चिन्तन सदैव राजनीतिक को व्यापक धार्मिक और आध्यात्मिक सन्दर्भों से भी जोड़ता रहा। उन्होंने अपने को शुद्ध राजनीति के मुहावरे में कभी नहीं बँधने दिया... मैं समझता हूँ कि आज के बौद्धिक के लिए इसमें एक बड़ा आदर्श और गहरी शिक्षा निहित है... बौद्धिक स्वातन्त्र्य का दावा न केवल शुद्ध राजनैतिक दावा नहीं है। बल्कि हमें उसे राजनैतिक दावा बनने भी नहीं देना चाहिए। यह दावा राजनैतिक सन्दर्भ से बड़ा है, क्योंकि स्वाधीनता राजनैतिक स्वातन्त्रय से बड़ी है। बौद्धिक को, और विशेष रूप से सृजनशील कलाकार को, केवल राजनैतिक स्वतन्त्रता का दावा न करके कला जगत की स्वायत्तता का दावा करना है—जो दावा और जिसके लिए किया गया संघर्ष, राजनीति से बड़ा हो जाता है।"

अज्ञेय ऐसे ही स्वाधीनचेता और समग्र मानुष-सत्य से संवेदित, समग्र चराचर-मूलक सत्य के प्रति उन्मुख बौद्धिक और सृजनशील कलाकार थे। उनके साहित्य में एक ओर तो स्वाधीन व्यक्तित्व के निर्माण, विकास और रक्षण की चिन्ता सक्रिय दीखती है और दूसरी ओर 'अपने से बड़े कुछ' की पहचान तथा उसके प्रति उतने ही उत्कट आत्मदान की भी। उनके आरम्भिक काव्य संग्रह 'इत्यलम' की एक कविता मुझे इस सन्दर्भ में बरबस याद आ रही है, जिसकी शुरुआत कुछ इस तरह हैः

मैं भी एक प्रवाह में हूँ/पर मेरा रहस्यवाद ईश्वर की ओर उन्मुख नहीं है/ मैं उस शक्ति से अभिभूत होना चाहता हूँ/ जो मेरे भीतर है।

उनकी 'चक्रांतशिला' की एक कविता को भी देखें और समझें कि अज्ञेय का आधुनिक भावबोध और मानव-केन्द्रित चिन्तन भी किस तरह पाश्चात्य प्रभावों से स्वतन्त्र अपनी नितान्त मौलिक भारतीय प्रश्नाकुलता से प्रेरित है :

क्यों चलना यदि पथ है केवल/मेरे अन्धकार से सबके अन्धकार तक?/याकि लाँघकर ही उसको/पहुँचा जाएगा/सबकुछ धारण करनेवाली पारमिता करुणा तक—/निर्वैयक्तिक प्यार तक?

क्या यह 'सबकुछ धारण करनेवाली पारमिता करुणा' या निर्वैयक्तिक प्यार, पश्चिमी मानववाद—यहाँ तक कि एम.एन. राय के रेडिकल ह्यूमेनिज़्म की भी सीमाओं में अँट सकते हैं? 'नदी के द्वीप' शीर्षक उनकी प्रसिद्ध कविता क्या कहती है :

नदी तुम बहती चलो/भूखंड सेजो दाय हमको मिला है/मिलता रहा है/माँजती, संस्कार देती चलो...

यह संस्कार देते चलने की बात अज्ञेय के यहाँ अत्यधिक महत्त्व रखती है। संस्कारवान् होने की क्रिया को ही वे आधुनिकता मानते हैं। 'आत्मनेपद' में एक जगह वे कहते हैं—"आधुनिकता एक अनगढ़ चीज है; वह एक सिद्ध स्थिति नहीं, एक प्रक्रिया है। संस्कारवान् होने की क्रिया को ही मैं आधुनिकता मानता हूँ।" इतना ही नहीं, जो संस्कारी बनकर स्थिर हो गया है, गतिशील नहीं रह गया है, वह भी अज्ञेय की दृष्टि में आधुनिक नहीं है। जैसे कि संस्कृति आधुनिक नहीं है, हिन्दी आधुनिक है।

अज्ञेय की हिन्दी-भक्ति को रेखांकित किये बिना उनका यह स्मरण सार्थक नहीं होगा। वह एक सौ टंच आधुनिक और सौ टंच बुद्धिजीवी की भक्ति है; इसलिए औरों से कहीं अधिक मार्मिक और अर्थपूर्ण। निराला की बात याद आती है, "मैंने सदैव हिन्दी का मुख देखा है" ...अज्ञेय के बारे में भी यही सच है। अकारण नहीं है यह, अत्यन्त मार्मिक तथ्य है कि अज्ञेय आधुनिकता की बात को हिन्दी की बात बनाकर ही अपनी जीवनव्यापी चिन्ता का आरम्भ करते हैं, हिन्दी भाषा पर और हिन्दी में विचार करते हुए ही अज्ञेय आत्मविश्वासपूर्वक आधुनिक होने का अर्थ और दायित्व समझते और समझाते हैं। यह इसलिए, कि उनका दृढ़ विश्वास है कि हिन्दी सदा से यही करती आयी है, "अपने स्वभाव से ही वह आगे देखनेवाली भाषा है।" उन्हीं के शब्दों में 'हिन्दी संगमों की भाषा है। विद्रोहों की भाषा है। इसी भाषा ने सारे देश में भारतीय संस्कृति को बनाए रखा, भारतीयता के बोध को जीवित रखा...वह विकासमान संस्कारों और पनपते विद्रोहों की भाषा रही है: किसी क्षेत्र की साम्प्रदायिक भाषा नहीं... आधुनिकता का संस्कार सदैव इसके

साथ रहा है। हिन्दी का यह परम्परागत दायित्व है कि वह जिस अर्थ में आधुनिक थी उसी अर्थ में आधुनिक बनी रहे।"

संस्कार और संवेदना के बीच सेतु निर्माण का, दोनों के प्रति अपनी जिम्मेदारी निबाहने का बड़ा ही सचेत उद्यम अज्ञेय के यहाँ मिलता है। इसलिए जब वे कहते हैं कि "आज लेखक की समस्या यह है कि समाज के जीवन में जैसा योग वह देना चाहता है उसके मार्ग में बाधा बहुत है। उसके विशेष स्थान और धर्म का बोध बहुत कम लोगों को है।" तो उनकी बात समझ में आती है।

क्योंकि वह भयानक रूप से सच है। इसी तरह जबवे हमारे यहाँ एक जाग्रत सतर्क, क्रियाशील बौद्धिकवर्ग के अभाव की बात करते हैं या उसके नकलीपन पर व्यंग्य करते हैं तो दोनों शिकायतें वाजिब लगती हैं। अज्ञेय एकमात्र लेखक हैं जिन्होंने स्वतन्त्रता की दहलीज पर ही एक आलोचक राष्ट्र के निर्माण की आवश्यकता समझी थी, उसपर बल दिया था। ऊपर के विवेचन से यह देख पाना कठिन न होगा कि लेखक का यह कर्तव्य उन्होंने स्वयं बखूबी और शुरू से आखिर तक निभाया। न केवल सर्जक कलाकार के स्तर पर बल्कि भारतीय समाज के एक असली इंटेलेक्चुअल के रूप में भी—लेखक-पत्रकार दोनों की हैसियतों से।

यह ध्यान देने योग्य बात है कि अज्ञेय की भारतीयता स्वयं भारतीयता पर ही प्रश्नचिह्न लगाने से आरम्भ हुई थी। अज्ञेय की लड़ाई दरअसल हमारे समाज-परिवेश में व्याप्त उस प्रश्नविहीन उदासीनता और ढुलमुलपन से थी जो संवेदनशीलता को अनावश्यक बना देती है और जीवन्त परम्परा को भी पथराकर रख देती है। उसी को ललकारने चेताने के उद्‌देश्य से वे भारतीयता के लक्षण गिनाते हुए सर्वप्रथम उसके ऋणात्मक पक्ष को ही उभारते हुए यह कटु सत्य उचारते हैं कि किस तरह सनातन की भावना काल की अयथार्थता की भावना बन जाती है और स्वीकार की भावना, दुख, दैन्य, अत्याचार, यहाँ तक कि दासता के प्रति भी स्वीकार की भावना में परिणत हो जाती है। पर वे यह भी जानते हैं और स्पष्ट घोषित करते हैं कि "किसी मतवादी रूढ़ि से अलग धर्म की उद्‌भावना को मैं संसार को भारतीय चिन्तन की बहुत बड़ी देन मानता हूँ... संसार के किसी भी धर्म ने मनुष्य के मानस को उतनी स्वाधीनता का वातावरण नहीं दिया, जितना भारतीय धर्म ने। किसी ने स्वस्थ जीवन की उतनी गहरी नींव नहीं डाली जितनी भारतीय धर्म ने। अवश्य ही इस समझ तक पहुँचने में मुझे समय लगा और यह भी नहीं कि यात्रा में मैंने ठोकरें खाईं। लेकिन यहाँ तक पहुँचकर मुझे जो सुख मिला है, उसे वे ही लोग समझ सकते हैं जो निष्ठापूर्वक तीर्थ-यात्रा करके घर लौटते हैं।"

इस अन्तिम वाक्य की मार्मिकता को यदि हम ठीक से समझें तो अज्ञेय के कृतित्व की विशेष मूल्यवत्ता को भी समझ सकेंगे। और यह भी कि उसे उसके पूरेपन में पढ़ना और समझना हमारे लिए—विशेषकर नयी पीढ़ी के युवजनों के

लिए अनिवार्य है। प्रस्तुत लेख का समापन हम 'स्रोत और सेतु' में अज्ञेय की इसी प्रौढ़ विवेकमत्ता को रेखांकित करते हुए करना चाहेंगे कि "नैतिक और अनैतिक की परख भी कुछ मूल्यों के आधार पर होती है जो अन्ततोगत्वा आध्यात्मिक और साथ ही विकासमान भी हैं, स्थिर या जड़ नहीं हैं, क्योंकि मानव जड़ नहीं है।"

'क्योंकि मानव जड़ नहीं है' अज्ञेय का यह निष्कर्ष जिस सुदीर्घ और जीवनव्यापी आत्म-संघर्ष का परिणाम है और प्रतिफलन है, वह ठेठ आज के हिन्दी लेखकों के लिए मननीय है—मात्र निष्कर्ष रूप में नहीं बल्कि उस समूची जीवन प्रक्रिया में, जिसे उनके जीवनव्यापी कृतित्व के अवगाहन के बिना नहीं समझा जा सकता। आज के साहित्य में जो सारी ऊपरी चमक-दमक और आत्मतुष्ट वागास्फालन के बावजूद यान्त्रिकता, गतिरोध और बदहवास आत्महीनता के लक्षण प्रकट हो रहे हैं उनके मूल में जड़वादी विचारधाराओं की ओढ़ी हुई गुलामी भी है, यह देख सकना आज की तारीख में अपेक्षाकृत सहज होना चाहिए। अज्ञेय को पढ़ना और समझना इसलिए भी नितान्त आवश्यक है, और, इसलिए भी, कि उनके साहित्य में व्यक्त मूल्यचेतना के पीछे एक अर्जित आत्मविश्वास है: तमाम तरह की भ्रान्तियों से मुक्त आत्मविश्वास। अज्ञेय उन थोड़े से भारतीय लेखकों में हैं जो सर्वाधिक निर्भ्रान्त हैं: अपने यथार्थबोध में भी और अपनी आदर्शमूलक आस्था याकि मूल्यचेतना में भी।

हिन्दी साहित्य में अज्ञेय का योगदान

हिन्दी साहित्य में अज्ञेय के योगदान की चर्चा तब तक सार्थक नहीं हो सकती जब तक हम हिन्दी भाषा और हिन्दी भाव बोध को ही अज्ञेय के योगदान की बात—वास्तविक गुण-ज्ञान के स्तर पर—नहीं आते। उन्होंने एक जगह खुद ही लिखा है कि..."मैंने भी, आख़िर, पढ़कर हिन्दी सीखी; पर जब हिन्दी पढ़ाने वालों के बीच अपने को पाता हूँ तो भाषा-सम्बन्धी इनकी और अपनी दृष्टि और आग्रहों के अन्तर को देखकर दंग रह जाता हूँ" (कवि-मन, पृ. 26)। क्या है वह अन्तर? अज्ञेय को इस बात से खीझ होती थी कि ज्यादातर हिन्दी के लेखक अध्यापक—वह भी हिन्दी के ही अध्यापक क्यों होते हैं। उनकी खोज भाषा के स्थिर रूप की नहीं, गतिमान रूप की हो रही। इसलिए कि उनकी पक्की धारणा थी, तर्क सम्मत मान्यता भी, कि समस्त भारतीय भाषाओं के बीच हिन्दी ही ऐसी भाषा है जो सदा से आधुनिक और विकासमान भाषा रही है : आधुनिक होना उसके संस्कार में ही है। भावबोधपरक अग्रगामिता के इस बद्धमूल संसार के बूते ही वह समूचे देश के आत्म-नवीकरण हेतु आवश्यक परिवर्तनों का नेतृत्व करती रही है। अज्ञेय यदि हिन्दी को 'भारत के हृदय की कुंजी' और एक 'समग्र भारतीय अस्मिता की वाणी' कहते हैं तो यूँ ही नहीं कहते। वह उनके लिए सिर्फ 'इमोशनल कन्विक्शन' की ही नहीं, इंटैलैक्चुअल कन्विक्शन की भी बात है। अपने समस्त समकालीन समानधर्माओं के बीच अज्ञेय ही हिन्दी की इस अन्तर्विहित और ऐतिहासिक शक्ति की पहचान पर सबसे ज्यादा बल देते जान पड़ते हैं और अपने अनवरत सृजन और चिन्तन से उसे पुष्ट और प्रमाणित करते हुए भी।

यह अकारण नहीं है कि अज्ञेय जिस आधुनिक भाव-बोध के उन्नायक की तरह हिन्दी साहित्य में प्रकट हुए उस आधुनिकता की बात को वे हिन्दी की बात बताकर ही अपनी जीवनव्यापी चिन्ता और क्रियाशीलता का आरम्भ करते हैं। हिन्दी भाषा पर और हिन्दी के जरिये ही विचार करते हुए अज्ञेय आत्मविश्वासपूर्वक आधुनिक होने का अर्थ और दायित्व समझते-समझते हैं। यह और किसी का नहीं,

उन्हीं का सुविचारित निष्कर्ष है कि..."हिन्दी संगमों की भाषा है, विद्रोहों की भाषा है; इसी भाषा ने सारे देश में भारतीय संस्कृति को बनाए रखा, भारतीयता के बोध को जीवित रखा।...वह विकासमान संस्कारों और पनपते विद्रोहों की भाषा रही है, किसी क्षेत्र की साम्प्रदायिक भाषा नहीं।...हिन्दी का यह परम्परागत दायित्व है कि वह जिस अर्थ में आधुनिक थी, उसी अर्थ में आधुनिक बनी रहे।"...अज्ञेय का क्या सर्जक और क्या चिन्तक, दोनों रूपों में यह विशिष्ट योगदान है कि उन्होंने हिन्दी भाव-बोध के भीतर से ही आधुनिकता की चुनौती को स्वीकारने और निभाने की राह निकाली। दूसरे शब्दों में कहें तो संस्कार और संवेदना के बीच सेतु निर्माण की जिम्मेदारी निभाने का बड़ा सचेत और सार्थक उद्यम अज्ञेय के यहाँ मिलता है। इसीलिए जब वे कहते हैं—"आज लेखक की समस्या यह है कि समाज के जीवन में जैसा योग वह देना चाहता है, उसके मार्ग में बाधाएँ बहुत हैं, उसके विशेष स्थान और धर्म का बोध बहुत कम लोगों को है" तो उनकी बात तुरन्त समझ में आती है। क्योंकि स्वयं उन्हीं के योगदान का—यानी अपने समाज के जीवन में जैसा जो भी योग अज्ञेय देना चाहते रहे और देते भी रहे—उसकी भी जैसी अवमानना और मूल्यमूढ़ प्रतिक्रियाएँ हमारे तथाकथित साहित्यिक समाज में प्रकट हुई, उसके हम सभी साक्षी रहे हैं।

इसी तरह जब अज्ञेय हमारे परिवेश में एक सचमुच 'जाग्रत-क्रियाशील बौद्धिक वर्ग के अभाव' की शिकायत करते हैं या उसकी परोपजीविता और अनुकारी प्रवृत्तियों पर व्यंग्य करते हैं तो दोनों आलोचनाएँ उनकी वाजिब लगती हैं। आधुनिक दौर में अज्ञेय हिन्दी के ऐसे एकमात्र लेखक-बुद्धिजीवी होंगे जिन्होंने स्वतन्त्रता प्राप्ति की दहलीज पर ही 'एक आलोचक राष्ट्र के निर्माण' की आवश्यकता प्रतिपादित की थी। जिन्होंने उन्हें सचमुच पढ़ा-समझा है, उनके लिए यह देख पाना कठिन न होगा कि स्वयं अपने जीवन में अज्ञेय ने यह कर्त्तव्य शुरू से आखिर तक बख़ूबी निभाया—न केवल सर्जक कवि-कथाकार की हैसियत से, बल्कि, समकालीन भारतीय समाज और परिवेश के असली 'इंटैलेक्चुअल' की भूमिका में भी। लेखक ही क्यो, पत्रकार के रूप में भी। सोचने की बात है कि इस कोटि के लेखक को अलग से पत्रकार की भूमिका निबाहने ही जरूरत क्यों पड़ी होगी? इसीलिए ना कि वे अपने समाज से नहीं, बल्कि समाज में मुक्ति पाने के लिए यत्नशील थे।

ध्यान देने की बात यह भी है कि अज्ञेय की भारतीय आधुनिकता स्वयं भारतीयता पर ही प्रश्नचिह्न लगाने से शुरू हुई थी। अज्ञेय की लड़ाई दरअसल हमारे समाज-परिवेश में व्याप्त उस प्रश्न विहीन उदासीनता और ढुलमुलपन से थी जो संवेदना बल्कि संवेदनशीलता को ही अनावश्यक बना देती है और एक जीवन्त परम्परा को भी पथराकर रख देती है। इसी उदासीनता और संवेदनात्मक भोथरेपन

को ललकारने-चेताने के उद्देश्य से वे भारतीयता के लक्षण गिनाते हुए सर्वप्रथम उसके ऋणात्मक पक्ष को ही उभारते हुए दर्शाते हैं कि किस तरह सनातन की भावना काल की अयथार्थता की भावना में ढलकर हर तरह के दुःख-दैन्य, अत्याचार—यहाँ तक कि दासता के प्रति भी स्वीकार की भावना में परिणत हो जाती है। इस आलोचना की युक्तिमत्ता को कोई भला कैसे नकार सकता है किन्तु अज्ञेय का मात्रा-ज्ञान सम्पन्न और विश्वचेतस् विवेक दूसरी ओर उसी भारतीय धर्म चेतना के विलक्षण वैशिष्ट्य को भी रेखांकित करने से कैसे चूक सकता था? आलोचक राष्ट्र का यह पैरोकार पाश्चात्य सभ्यता की खामियों को भी उसके हार्ट में पैठकर देख सकता है : उसकी सभ्यता-समीक्षा में जो आत्मालोचन है, वह धारदार भी इसीलिए है कि वह आधुनिक पाश्चात्य सभ्यता के दूषणों को भी यथावत् रेखांकित करने में सक्षम हैं। अज्ञेय का समूचा चिन्तन, उनकी डायरियाँ भी इसकी गवाही देती हैं पग-पग पर। उनका आत्म-बोध 'ममेतर' की साफ सीधी पहचान और यथातथ्य मूल्याकंन से ही पुष्ट होता है; और यही सांस्कृतिक बुद्धिमत्ता उन्हें अपने समकालीनों के बीच सर्वाधिक स्पृहणीय और अनुपेक्षणीय बनाती है। उसकी उपेक्षा या अवमानना का अर्थ है स्वयं अपने स्वरूप और अपनी सम्भावनाओं की ओर से मुँह मोड़ लेना। आलोचनात्मक विवेकमत्ता के साथ उत्कट सृजनशीलता का ऐसा गँठजोड़ किसी भी भाषा और साहित्य में कितना विरल हुआ करता है, कहने की बात नहीं। आधुनिक साहित्य में अज्ञेय के योगदान की विलक्षणता को—मैं समझता हूँ—इसी आधार पर समझा और मूल्यांकित किया जाना चाहिए। अब जैसे यही देख लीजिए कि भारतीय कालदृष्टि का यह निर्मय आलोचक कैसे उसी दृष्टि के अनूठे धनात्मक पक्ष को भी अपने 'संवत्सर' में उद्घाटित करता है और कैसे अन्य तमाम विश्वधर्मों के परिप्रेक्ष्य में भारतीय धर्मचेतक के उस अनूठे वैशिष्ट्य को उजागर करता है—जो सच पूछा जाय तो—न केवल उसके, बल्कि सभी सच्चे भारतीयों के सांस्कृतिक आत्मविश्वास का स्रोत और आधार होना चाहिए। अज्ञेय कहते हैं :

"...किसी मतवादी रूढ़ि से अलग धर्म की उद्भावना को मैं संसार को भारतीय चिन्तन की बहुत बड़ी देन मानता हूँ...संसार के किसी भी धर्म ने मनुष्य के मानस को उतनी स्वाधीनता का वातावरण नहीं दिया, जितना भारतीय धर्म ने। किसी ने स्वस्थ जीवन की उतनी गहरी नींव नहीं डाली जितनी भारतीय धर्म ने। अवश्य ही इस समझ तक पहुँचने में मुझे समय लगा और यह भी नहीं कि यात्रा में मैंने ठोकरें नहीं खाईं। लेकिन यहाँ तक पहुँचकर मुझे जो सुख मिला है, उसे वे ही लोग समझ सकते हैं जो कि निष्ठापूर्वक तीर्थयात्रा करके घर लौटते है।"

इस आत्मस्वीकार की अर्थवत्ता को यदि हम हृदयंगम कर सकें और अपने खुद के जीवनानुभव से उसे जोड़कर देख सकें तो हम अज्ञेय के आत्म-संघर्ष की

मूल्यवत्ता को, तथा उसके रचनात्मक योगदान की जो विशेष प्रासंगिकता बनती है, हमारे लिए, उसे भी यथावत् समझ सकेंगे। तभी समझ में आएगा कि अज्ञेय के कृतित्व को उसकी समग्रता में ग्रहण करना हमारे लिए कितना उन्मेषदायी हो सकता है। आज के वैज्ञानिक और प्रौद्योगिक युग की जटिलताओं को वे अपनी वैज्ञानिक दीक्षा के बूते खूब अच्छी तरह समझते थे और उनके भीतर से ही मानव-मुक्ति की खोज साहित्य के माध्यम से करने के लिए सचेत थे। यही उनकी कालज्ञता और कर्मज्ञता थी : मात्र भावुक सदिच्छा या थियरी-ग्रस्त तर्क चातुरी, दोनों से मुक्त—अद्यतन यथार्थदर्शी, और फिर भी एक उच्चकोटि की आदर्श-प्रेरित मूल्य-चेतना से अनुप्रमाणित। प्रसंगवश मुझे यहाँ 'स्रोत और सेतु' में संकलित उनका एक वक्तव्य भी याद आ रहा है जो उनकी प्रौढ़ विवेकमत्ता का उदाहरण है। वह यह, कि,...**"नैतिक और अनैतिक की परख भी कुछ मूल्यों के आधार पर होती है जो अन्ततोगत्वा आध्यात्मिक और साथ ही विकासमान भी हैं, स्थिर और जड़ नहीं हैं, क्योंकि मानव जड़ नहीं है।..."**

'क्योंकि मानव जड़ नहीं है',...अज्ञेय का यह निष्कर्ष जिस सुदीर्घ और जीवनव्यापी आत्म-संघर्ष का सुफल है वह आज के हिन्दी लेखकों के लिए ही नहीं, उन सभी के लिए ही मननीय है जो वैज्ञानिक दृष्टि के कायल होते हुए भी उसके साथ जुड़ी जड़वादी सीमाओं के अतिक्रमण की सम्भावनाओं के प्रति—अर्थात् चेतना की वास्तविकता और आनुभाविक आयामों के प्रति अपने को खुला रखने के लिए अन्तर्विवश हैं। यह निष्कर्ष जिस सुदीर्घ आत्म-संघर्ष का परिस्थिति और संस्कृति के बीच जिस गहरी अन्तःक्रिया का प्रतिफलन है, उसे अज्ञेय के जीवनव्यापी कृतित्व के समग्र अवगाहन के बिना नहीं समझा जा सकता। अज्ञेय को पढ़ना-समझना इसलिए भी जरूरी है कि आज की परिस्थिति और परिवेश में 'चेतना के संस्कार' की बात क्या मानी रखती है और वह कैसे क्योंकर सम्भव है, इसकी प्रक्रिया ही नहीं अन्तःप्रमाण भी उनके यहाँ सबसे ज्यादा उपलब्ध है। वह इसलिए भी हमारे काम का है कि अज्ञेय के साहित्य में व्यक्त मूल्य-चेतना के पीछे एक कठिन आत्म-संघर्ष से अर्जित आत्मविश्वास है : तमाम तरह की भ्रान्तियों से उबर कर आया हुआ आत्म-विश्वास। अज्ञेय को सीधे पढ़कर ही जाना जा सकता है कि किस तरह और क्यों वे उन बहुत थोड़े से भारतीय लेखकों में होंगे जो सर्वथा स्पष्ट और निर्भ्रान्त हैं—अपने यथार्थ-बोध में भी, और अपनी आदर्शमूलक आस्था, यानी आज की सर्वव्यापी मूल्यमूढ़ता के प्रतिकार में सक्षम अपनी अनूठी मूल्य चेतना में भी।

अज्ञेय के 'इत्यलम्' की एक कविता का चौकाने वाला शीर्षक है—'रहस्यवाद'। उसमें कवि क्या कहता है, वह आनुभूतिक ही नहीं बौद्धिक-वैज्ञानिक तर्कसम्मत

बात भी है। कवि उस 'असीम शक्ति' से सम्बन्ध जोड़ना चाहता है जो उसके "भीतर' है :

शक्ति असीम है, मैं शक्ति का एक अणु हूँ
मैं भी असीम हूँ।
एक असीम अणु उस असीम शक्ति को, जो उसे प्रेरित करती है
अपने भीतर समा लेना चाहता है
उसकी रहस्यमयता का परदा खोलकर उसमें मिल जाना चाहता है
यही मेरा रहस्यवाद है।

स्पष्ट ही, अज्ञेय की यह 'रहःशील' संवेदना मानवनिष्ठ संवेदना है। किन्तु गौरतलब बात यह है कि अज्ञेय की और उस तरह समूची नयी कविता की ही केन्द्रीभूत इस भावधारा को पश्चिम के अपने अलग इतिहास-चक्र से अपने 'ह्यूमैनिज्म' से पूर्णतः समीकृत कर देना या उसकी छायानुकृति मान लेना ठीक न होगा। यूरोपीय मानववाद जिस पुनर्जागरण की उपज है, वह मध्यकालीन चर्च की डॉग्मैटिक जकड़बन्दियों से विद्रोह का नतीज़ा था जबकि भारतीय धर्मचेतन के धर्मबीज उस तरह मनुष्य की आन्तरिक स्वाधीनता को दमित करने वाले 'डॉग्मा' नहीं हैं। हमारे अपने पुनर्जागरण में जो विद्रोह-चेष्टाएँ हैं, वे सामाजिक व्यवस्था की जड़ रूढ़ियों के विरुद्ध हैं। मात्र मानवनिष्ठ ही नहीं, बल्कि चराचरनिष्ठ अद्वैत दृष्टि, ऋतु, तप और आवर्तीकाल—हमारे धर्मबीज हैं जिनका मसीही-ऐतिहासिक धर्मों से पार्थक्य सुस्पष्ट है। अज्ञेय के कविकर्म और चिन्तन की साखी इस सन्दर्भ में विशेष महत्त्व रखती है क्योंकि वे एक ओर तो पश्चिम की बौद्धिक प्रश्नाकुलता से, और वैज्ञानिक उपलब्धियों से बहुत गहरे परचे हुए थे, दूसरी ओर वे उसके पारम्परिक धर्म-तन्त्र और उसके अद्यतन रूपों से तथा उसी की ऐतिहासिक परम्परा में प्रतिफलित अस्तित्ववादी और मार्क्सवादी विचारधाराओं के भी घनिष्ठ सम्पर्क में रह चुके थे। इसी कारण उनका मानवनिष्ठ स्वातन्त्र्य-दर्शन अपने अन्य समानधर्माओं की तुलना में न केल अधिक जोखम से बिखरा हुआ लगता है, बल्कि आज के भूमंडीकृत—कहना चाहिए पश्चिमीकृत—विश्व में अपने देशवासियों को पूरे सांस्कृतिक आत्मविश्वास के साथ जीने-रचने की प्रेरणा देने वाला भी है। अर्थात् सच्चे अर्थों में एक प्रतिरोध-सम्पन्न भारतीय आधुनिकता का पथ प्रशस्त करने वाला है।

प्रारंभ से ही हम देख सकते हैं कि अज्ञेय की कविता 'जीवन की आलोचना' भी है और के छुपे हएु मर्म की तलाश भी। निरन्तर आत्मालोचन और आत्मशोधन की तड़प उसमें लगातार सक्रिय दीखती है। जहाँ एक ओर नयी सौन्दर्यानुभूति

और उसे रूपायित करने वाली लयात्मक संवेदना का वैशिष्ट्य हमारा ध्यान खींचता है, वहीं हर तरफ़ से संकटापन्न अस्मिता के यथावत् अहसास के बावजूद जीवन की अर्थवत्ता की खोज और उसमें विश्वास बचाए रखने की व्याकुलता भी निरन्तर परिलक्षित की जा सकती है। जहाँ पश्चिम की बुद्धि जीवन की पूर्णता और रचना की पूर्णता के बीच अनिवार्य विरोध देखती रही है, वहाँ भारतीय चित्त की पारम्परिक निष्ठा यही रही है कि व्यक्तित्व और कृतित्व के बीच विरोध नहीं होना चाहिए। अज्ञेय भी इसी आदर्श के मेल में अपने मन के दोनों खंडों—चेतन और अवचेतन के बीच तनाव और संघर्ष की बजाय 'मैत्री' स्थापित करने के आदर्श से अनुप्राणित रहे और इस आदर्श के निर्वाह में बहुत दूर तक सफल भी होते रहे तो इसका कारण यही था कि अपनी युगीन परिस्थितियों और अपनी संस्कृति दोनों के प्रति आरम्भ से ही उनका दृष्टिकोण अत्यन्त सजग और दायित्वपूर्ण रहा। जहाँ एक ओर उन्होंने अपनी परिस्थिति के आकलन को—संघर्ष-युग के साहित्यकार की अनिवार्य जिम्मेदारियों की सही-सही पहचान और निर्वाह को अपना अनिवार्य कर्त्तव्य माना वहीं उन्होंने साथ ही साथ अपनी मूल्यवान—आत्मवान संस्कृति की चिन्ता भी बहुत सक्रिय ढंग से अनेकानेक मोर्चो पर की। वत्सल निधि द्वारा आयोजित अनेकानेक लेखक-शिविर (जो सांस्कृतिक महत्त्व के स्थलों पर आयेजित किये गये) और राम कथा से जुड़ी 'जानकी-जीवन यात्रा' तथा कृष्ण से जुड़ी 'भागवत भूमि यात्रा' के वृत्तान्त अज्ञेय की इस सक्रियता का भरपूर प्रमाण देते हैं। अज्ञेय का कविकर्म भी अपने भाविक—बौद्धिक—नैतिक जीवन की अखंडता को साधने का—एक समग्र-संवेदी व्यक्तित्व की खोज का माध्यम है : ऐसे 'व्यक्तित्व की खोज' का—जो वास्तव में अपनी परिणति में समष्टि को निःशेष अर्पित करने योग्य हो। अज्ञेय की कविता में कई जगह उभर आने वाला आत्मोदबोधन का स्वर, सहृदय पाठकों को इसीलिए आश्वस्त करने वाला है। प्रारम्भिक काव्य 'इत्यलम्' में ही वह स्वर सुनाई दे जाता है :

सुनो कवि, भावनाएँ नहीं है सोता, भावनाएँ खाद हैं केवल
जरा उनको दबा रक्खो...
कि उनका सार बनकर चेतना की धरा को कुछ उर्वरा करके,
भावनाएँ तभी फलती हैं कि उनसे लोक के कल्याण का अंकुर
कहीं फूटे।

अज्ञेय कोई किताबी नहीं, सचमुच के क्रान्तिकारी थे। और इसीलिए क्रान्ति के मोह में पड़े हुए नहीं। 'क्रान्ति है आवर्तक/होगी भूल उसको मानना धारा'... उन्हीं का काव्य-कथन है। वे स्वभावतः कवि और चिन्तक दोनों थे और इसीलिए

कवि-सुलभ अतिभावुकता और वाग्मिता से परहेज़ करने वाले। साहीजी ने जो अज्ञेय को दर्शन को फिर से काव्यानुभूति में घुलाने की राह निकालने का श्रेय दिया है, ठीक ही दिया है। वे आधुनिक भाव-बोध और उसके साथ जाने वाली बौद्धिकता में पक्के तौर पर दीक्षित थे; किन्तु निरे बुद्धिवाद की विडम्बनाओं के प्रति भी सदैव सजग-सावधान। तभी तो अज्ञेय की कविता जहाँ एक ओर पश्चिम के समूह-जन की विडम्बना को यथातथ्य अंकित कर सकती है, वहीं दूसरी ओर वह भारत के समूह-जन के प्रतिनिधित्व का दावा करने वालों की पोल-पट्टी भी उतनी ही निर्ममतापूर्वक उधेड़ सकती है :

जियो मेरे आज़ाद देश के रौशन-जमीर नेताओ!
जिनकी मर्यादा वह हाथी का पैर है जिसमें
सब की मर्यादा समा जाती है
जैसे धरती में सीता समा गयी थी।

आखिर स्वतन्त्रता की देहरी पर ही 'एक आलोचक राष्ट्र के निर्माण' का सपना देखने वाला और कौन कवि था? यही अज्ञेय ही न? समकालीन राजनीति की पक्की पूरी समझ रखने वाला यह कवि-चिन्तक ही यह भी कह सकता था कि..."हमें मानव-जीवन के सम्पूर्ण राजनैतिकीकरण का विष व्यूह तोड़ना है।"... यह भी, कि..."जीवन के सम्पूर्ण राजनैतिकीकरण के दुष्परिणामों को गांधीजी अच्छी तरह सकते थे। इसीलिए उनका राजनैतिक चिन्तन सदैव राजनीति को व्यापक धार्मिक और आध्यात्मिक सन्दर्भों से भी जोड़ता रहा। शुद्ध राजनीति के मुहावरे में अपने को उन्होंने कभी नहीं बँधने दिया।"...यह अज्ञेय के व्यक्तित्व का पूर्वापर अन्तर्विरोध नहीं, बल्कि अनिवार्य विकास-क्रम जतलाता है कि वे गांधी के द्रष्टान्त में..."आज के बौद्धिक के लिए एक बड़ा आदर्श और गहरी शिक्षा" निहित पाते हैं। अज्ञेय का कवित्व भी महज तर्जे-बयाँ या पदलालित्य या सूक्ति-कौशल के कारण नहीं, बल्कि अपनी विशिष्ट बुद्धिमत्ता और-अर्थगौरव से पाठक को प्रभावित करने वाला है। हमारी अभ्यास-जड़ भाव (रूढ़ियों और आत्मतुष्टि को झँझोड़ कर हममें नया अर्थोन्मेष जगा देने वाला। वे जहाँ 'परिचय के समूह-जन' की विडम्बना को यथावत् देख सकते हैं इन काव्य-पंक्तियों में—

एक मृषा जिसमें सब डूबे हुए हैं—
क्योंकि एक सत्य जिससे सब ऊबे हुए हैं
एक तृषा जो मिट नहीं सकती, इसलिए मरने नहीं देती!
एक गीत जो विवश चलाती है, इसलिए कुछ करने नहीं देती

स्वातन्त्र्य के नाम पर मारते हैं, मरते हैं
क्योंकि स्वातन्त्र्य से डरते हैं'

वहीं या भी देख और दिखा सकते हैं, कि

खड़ा मिलेगा वहाँ सामने
अनपेक्षित प्रतिरूप तुम्हारा
नर, जिसकी अनझिप आँखों में
नारायण की व्यथा भरी है।

(हवाई यात्रा : ऊँची उड़ान)

यही 'स्पिरिच्युअल कॉमनसेंस' और मात्रा-ज्ञान उनसे यह भी कहलवाता है, कि—

अच्छी कुंठारहित इकाई
साँचे ढले समाज से
अच्छा अपना ठाठ फकीरी
मँगनी के सुख-साज से।
... ...
अच्छे अनुभव की भट्ठी में तपे हुए कण दो कण
अन्तर्दृष्टि के,
झूठे नुस्खे, वाद, रूढ़ि, उपलब्धि पराई के प्रकाश से
रूप-शिव, रूप-सत्य की सृष्टि के।

अज्ञेय इसी 'अन्तर्दृष्टि' के कवि हैं और ऐसे ही 'झूठे नुस्खों, वाद-रूढ़ि उपलब्धि पराई के प्रकाश' के अर्थात् अनुकारी बुद्धि और परोपजीवी पुण्यात्मापन के दूरदर्शी आलोचक भी। हिन्दी आलोचना में जड़ीभूत अज्ञेय-विरोध का यही कारण है।

एक ओर उनकी 'छब्बीस जनवरी' शीर्षक कविता को पढ़ देखिए और दूसरी ओर 'हरा-भरा है देश' शीर्षक कविता को। अज्ञेय की मूल्य-चेतना और शिवत्व-बोध जहाँ परम्परा को अतीत की वर्तमानता की तरह खोजने-सँजोने की चिन्ता से प्रेरित हैं, वहीं वर्तमान विसंगतियों से उपजा क्षोभ और आक्रोश भी उनकी कविता के सिर पर चढ़ के बोलता है। आखिर वे एक आलोचक राष्ट्र के कवि हैं; न कि महज़ एक राष्ट्रवादी विचार धारा के गीतकार। **अज्ञेय मुक्त चेतना के, मुक्ति-चेतना और**

मुक्ति-पात्रता से सम्पन्न सगुण मानवता के कवि हैं। उनकी सौन्दर्यानुभूति और सत्यानुभूति दोनों इस स्वातन्त्र्य-साधना के बुनियादी और सर्वोपरि मूल्य से प्रेरित हैं। उन्हीं के शब्दों में कहें तो उनका कवि-कर्म 'मुक्त जीवन की सक्रिय अभिव्यंजना का तेज-दीप्त प्रवाह' है। अज्ञेय जानते हैं कि इस प्रवाह के पीछे युगों की साधना है; भले ही बीच-बीच में वह शिवेतर शक्तियों द्वारा और अपनी ही तामसिक जड़ता के चलते अवरुद्ध भी होती रही हो। उन्हें जो बल है, जो भरोसा है, वह इसी 'दाय' का है, जिसे मुफ्त में मिली विरासत की तरह नहीं, बल्कि संकल्पपूर्वक अर्जित और आत्मसात् करना पड़ता है। 'कहाँ गया वह, जिसने सब कुछ को ऋंत के ढाँचे में था बैठाया?'...यह काव्योक्ति महज़ विषाद योग नहीं, बुद्धियोग और कर्मयोग की प्रेरणा बनती है। यही अज्ञेय के लिए भारत की समग्र आस्मिता की भाषा हिन्दी की 'सात्विक कठोरता' है। यही अज्ञेय की हिन्दी-भक्ति और देशभक्ति है जो 'विश्व-जन की अर्चना' में बाधक नहीं, साधक है। ऐसे कवि के लिए 'छब्बीस जनवरी'—गणतन्त्र-दिवस का अर्थ और क्या हो सकता है, सिवा इसके, कि

साधना का तेज-तप की दीप्ति—तुमको नया गौरव दे रही है
यह तुम्हारे कर्म का ही प्रस्फुटन है
नागरिक जय! प्रजाजन जय! राष्ट्र के सच्चे विधायक जय!

ऐसे कवि को—स्वाधीनता-सेनानी और आत्म-बलिदानी कवि को—स्वातन्त्र्योत्तर युग में जो दृश्य दिखाई देता है। उसका आकलन वह कैसे करता है, ध्यान की बात है। आज इक्कीसवीं सदी के इस प्रथम चरण में—जहाँ किसान आत्महत्या कर रहे हैं, हज़ारों टन अनाज गोदामों में सड़ रहा है और लाखों-करोड़ों की तादाद में प्रजा-जन—राष्ट्र के सच्चे विधायक भुखमरी, कुपोषण और भ्रष्टाचार की अन्धेरनगरी के शिकार हो रहे हैं, क्या आज वह पचास बरस पहले की हरित क्रान्ति के दौर में उपजी कवि-बानी हमारे सिर पर चढ़के नहीं बोलती है? ज़रा पढ़िए तो सही उस कविता को। कवि कहता है—

हरा-भरा है देश :
रुँधा मिट्टी में ताप
पोसता है विष-वट का मूल
फलेंगे जिसमें शाप।

'फलेंगे जिसमें शाप'।...क्यों अकस्मात् यह पढ़ते हुए 'हिन्द-स्वराज' का वह वाक्य गूँजने लगा है कानों में, कि..."अंग्रेजी पढ़े-लिखे लोगों ने जनता को ठगने में कोई

कसर नहीं छोड़ी है। राष्ट्र की हाय अंग्रेजों पर नहीं, हमीं पर पड़ेगी।" आगे पढ़िए इसी कविता को और देखिए कि कवि कह क्या रहा है? किसको सम्बोधित है उसका यह आक्रोश, यह शाप सरीखा मर्मोद्गार?...

मरा क्या और मरे
इसलिए अगर जिए तो क्या
जिसे पीने को पानी नहीं, लहू का घूँट पिए तो क्या;

पकेगा फल, चखना होगा
उन्हीं को, जो जीते हैं आज :
जिन्हें है बहुत शील का ज्ञान—
नहीं है लाज।

तपी मिट्टी जो सोख न ले
अरे, क्या इतना है पानी?
कि, व्यर्थ है उद्बोधन, आह्वान
व्यर्थ कवि की बानी?

अज्ञेय अपने ही अभिलाषि आचोलक राष्ट्र के कवि हैं। पर उनके कवित्व के और कई अयाम हैं जिनकी चर्चा हम अन्यत्र कर चुके हैं। सजग पाठक देख सकता है कि उनकी सौन्दर्यानुभूति भी उतनी ही विलक्षण और नवोन्मेषकारी है, जितनी उनकी सत्यानुभुति। दोनों को उस तरह अलगाया भी नहीं जा सकता। किन्तु आज जब हिन्दी कविता में 'जड़ीभूत सौन्दर्यभिरुचि' से कहीं अधिक 'जड़ीभूत सत्याभिरुचि' का ही बोल-बाला है, हमें अज्ञेय के कवि-कर्म के इस पक्ष पर, अर्थात् जिन्हें वे अपना काव्य-गुरु मानते थे—उन मैथिलीशरण गुप्त के 'उचित उपदेश के मर्म' वाले पक्ष पर भी ध्यान देने की जरूरत महसूस होती है। उस संवेदनात्मक ज्ञान और ज्ञानात्मक संवेदन पर, जो अज्ञेय के कविकर्म की अपनी विशेषता और अपनी पहचान है। 'बात बोलेगी, हम नहीं, का प्रत्यक्ष वस्तु-पाठ है अज्ञेय की कविता, जो उत्तरोन्तर विकसित और प्रौढ़ होती जाती है और अपने विकास की परिपक्व परिणति पर पहुँचकर पाती है कि "क्षण-क्षण जो गरता दिखता है, वही तो अविरल अन्तःसत्त्व है।" कवि इसी परिपक्व जीवनानुभूति के भीतर से अपना जीवन-दर्शन कमाने को प्रतिश्रुत है, किसी दूसरे के खोजे हुए सत्य से नहीं। 'ना कुछ फेर नहीं आने का', या 'नहीं, फिर आना नहीं होगा' जैसी प्रतीतियाँ अज्ञेय में भूले से भी कभी सतही सुखवाद के चार्वाकीय तर्क की ओर नहीं ले जाती। सच पूछा जाय, तो अज्ञेय की सबसे बड़ी विशेषता 'निर्जल नकारो'

से जूझते हुए उन्हीं के बीचोबीच से जीवन के प्रति एक बुनियादी आस्था और स्वीकार-भाव को उबार लाना है। यही, उनकी आधुनिक भारतीयता है। नश्वरता का स्वीकार उन्हें जीवन की अर्थवत्ता का विलक्षण स्वाद अनुभव कराता है; उनके शिवत्व-बोध को और अधिक गहराता है; निरन्तर कर्म में जुटे रहने की प्रेरणा देता है; और अन्ततः उस 'आनन्द' को भी समझने की अन्तर्दृष्टि प्रदान करता है, जिसे जयशंकर प्रसाद ने पिछली पीढ़ी के जीवन-बोध के बीचोबीच स्थापित करने का सर्जनात्मक उद्यम अपने ढंग से किया था। अज्ञेय की कविता भी अपनी प्रौढ़ परिणति पर अपने नितान्त भिन्न जीवनानुभव के भीतर से जिस सत्य तक पहुँचती है, वह यही है कि..."आसक्ति नहीं, आनन्द है सम्पूर्ण मनुष्य की अभिव्यक्ति/ मरूँ मैं, किन्तु मुझे घोषित कर जाने दो।"...यह भी, कि...हैं राह कुहासे तक ही नहीं, पार देहरी के है। मैं हूँ, तो वह भी है।"

कवि अपने अन्तर्मन और बहिर्मन के बीच कलह की जड़ नहीं, मथानी देखता है और उसीसे अपने 'होने के सागर' को, अर्थात भवसागर को मथने का आह्वान करता है। चाहे 'जरा-व्याध' वाली शृंखलाबद्ध कविताएँ हों, चाहे अन्तिम संग्रह 'ऐसा कोई घर आपने देखा है?' में प्रकाशित 'आर्फेउस' सीरीज़ की कविताएँ, हम साफ़ देख सकते है कि मानव-निर्यात का ऐसा पारदर्शन 'शेखर' के हेतुवाद और नियतिवाद को काफी पीछे छोड़ चुकने के बाद ही सम्भव था। 'आर्फेउस' को ही पढ़ देखिए : क्या उसका संगीत 'असाध्य वीणा' के संगीत का स्मरण कराता हुआ भी उससे कहीं आगे नहीं निकल जाता? 'भासजनित पावनता का बोध' भला और किसे कहेंगे?

मृत्यु को/ मृत्यु का आलोक
जीवन को जीवन का
ओ जीवन! ओ मरण! ओ वृन्द वाद्य!
हम गाते हैं
जहाँ हैं
साथ दो।

अन्त में हम अज्ञेय के प्रौढ़ चिन्तन को भी उनकी काव्योपलब्धियों के साथ पढ़ने की आवश्यकता पर बल देते हुए खुद उन्हीं के द्वारा पूछे गये इस महाप्रश्न के साथ अपने वक्तव्य को समेटना चाहेंगे कि..."क्या कोई मानव-केन्द्रित आध्यात्मिकता सम्भव है? अज्ञेय की काव्य-साधना का समूचा विकास-क्रम और समस्त वैचारिक उद्यम दोनों इस प्रश्न का सकारात्मक प्रत्युत्तर देते जान पड़ते हैं और इसे भी हिन्दी साहित्य को—कहना चाहिए, भारतीय साहित्य को—उनके अनूठे योगदान की तरह रेखांकित किया जा सकता है।

आलोचक राष्ट्र का निर्माण : परिकल्पना और यथार्थ

"...एक वर्ग ऐसा ज़रूर चाहिए जो इस अर्थव्यवस्था और राजनीतिक व्यवस्था को निरन्तर मूल्य-बोध देता रहे।...वह कुछ व्यक्तियों का समूह होगा, जो ज़्यादा-से-ज़्यादा नॉन-फॉरमल हो, और वह इस तरह का प्रबुद्धवर्ग हो जिसका चरित्रहर क्षेत्र में लोगों को प्रभावित कर सके–राजनैतिक क्षेत्र में भी–क्योंकि उसके द्वारा की गयी निन्दा बहुत कीमती निन्दा होती है। जिस प्रबुद्ध वर्ग का अपना चरित्र हो, जिसका अपना एक व्यक्तित्व बन जाए, उसी का प्रभाव पड़ता है।"

(संक्रान्ति और आधुनिकता : डॉ. छगन मोहता)

ध्यान देने की बात है कि जहाँ एक ओर कुछ आधुनिकतावादी आलोचक मूल्य-विपर्यय को ही इस युग का केन्द्रीय तथ्य मानते हुए उसी से जीवन और साहित्य के भाव-बोध को व्याख्यायित करने की कोशिश में लगे दिखाई देते हैं, वहाँ आधुनिक जीवन और संवेदन की चुनौती को पूरी तरह स्वीकारने वाले डॉ. मोहता-सरीखे चिन्तक के लिए सार्थक बुद्धि-जीवन की पहली शर्त ही यही है कि वह न केवल नवीन मूल्यान्वेषण का अग्रदूत बनेगा, बल्कि अपने परिवेश में व्याप्त मूल्यभ्रंश और मूल्यमूढ़ता के प्रति भी सतत जागरूक बना रहेगा और स्वयं यथासम्भव उनके प्रतिकार में भी प्रवृत्त होगा।

स्वभावतः इस पर से प्रश्न उठता है कि क्या ऐसा प्रबुद्ध वर्ग हमारे देश में–आजादी मिलने के चालीस बरस बाद भी–विकसित हो सका है? क्या वह सचमुच सामूहिक रूप से अपनी स्वाधीन कर्तुव्य-बुद्धि के बूते सक्रिय है? और क्या उसकी सक्रिय उपस्थिति का दबाव हमारे सामाजिक जीवन के सभी स्तरों पर सचमुच महसूस किया जा रहा है? मैं समझता हूँ हममें से अधिकांश लोग इस बारे में आश्वस्त न होंगे। तब सवाल उठता है कि ऐसा क्यों है? विद्या-बुद्धि के लगभग हर क्षेत्र में हम एक से एक चमकीली प्रतिभाओं के नाम गिना सकते है;

तब फिर कमी किस बात की है? क्या हमारी चमक-दमक केवल वैयक्तिक है और एक समूह रूप में, समवेत आचरण के स्तर पर हम एक लाइलाज औसतपन में ही स्खलित हो रहने को अभिशप्त हैं? मुझे याद आता है गोर्की ने अपने संस्मरणों में एक जगह चेखोव के मुँह से कहलवाया है कि, "सारा रूस ही लालची और निकम्मे लोगों का देश है—सामाजिक प्रतिष्ठा के पीछे पागल, और कुत्तों की तरह एक जगह दुम हिलाने वाले और दूसरी जगह भौंकने वाले लोग...।" पता नहीं, हमारा भी कोई चेखोव है कि नहीं; हो, तो यह जानना दिलचस्प होता कि आज के औसत हिन्दुस्तानी चरित्र का उसका मूल्यांकन क्या है? निर्मल वर्मा ने कहीं लिखा है कि 'एक लेखक की आलोचना उसकी कल्पना के बीचोबीच केन्द्रित होती है।' वैसी आलोचना के और उससे जुड़ी साहित्यिक आलोचना के भी साक्ष्य पर विचार हम आगे चलकर करेंगे। फिलहाल तो हम यही देखें कि अपने धार्मिक-सांस्कृतिक जीवन की प्रचलित अभिव्यक्तियों से लगाकर स्कूल-कॉलेजों में चल रही शैक्षणिक और अशैक्षणिक तमाम तरह की गतिविधियों तक क्या जीवन के हर क्षेत्र में हम गिरावट-ही-गिरावट नहीं देख रहे? और गिरावट के इस व्यापक दृश्य के सामने क्या हममें से अधिकांश की प्रतिक्रिया लगभग एक ही तरह की हताशा और किंकर्त्तव्यविमूढ़ता की नहीं हुई जा रही? क्या हममें से जो अपेक्षाकृत अधिक संवेदनशील हैं, वे भी अक्सर इस परिस्थिति के प्रति 'अकेला चना भाड़ नहीं फोड़ सकता' जैसे मुहावरे की शरण लेने को विवश नहीं होते? सवाल तब यह भी उठता है कि यह अकेला चना अकेला चना ही बने रहने को क्यों अभिशप्त है? अपने पेशे के सीमित समुदाय में ही नहीं, अपने परिचय के बृहत्तर समाज में भी आप देखते ही होंगे कि हम एक तरह की बाँझ उदासीनता और बाँझ निन्दा के अभ्यस्त होते जा रहे हैं। किन्तु, जाहिर है कि यह निन्दा वह प्रबुद्ध और दायित्व-बोध-सम्पन्न निन्दा तो नहीं हो है जिसे डॉ. मोहता ने 'बहुत कीमती निन्दा' कहा है। हम सभी ने लक्ष्य किया होगा कि बहुत सारे अन्य मूल्यों की तरह हमारे यहाँ पिछले बरसों में निन्दा और प्रशंसा का भी खासा अवमूल्यन हुआ है। इसलिए, कि ये बड़ी आसानी से प्राप्त हो जाते है और आसानी से प्राप्त हो जाने वाली चीज अपना असर भी उतनी ही आसानी से खो देती है।

निश्चय ही यह एक बीमार समाज और बीमार संस्कृति के लक्षण हैं। किन्तु इन लक्षणों का पता तो हमें बहुत पहले ही चल गया था। रवीन्द्रनाथ ठाकुर और महात्मा गांधी सरीखे—आपस में कई मुद्दों पर खासा मतभेद रखनेवाले—महापुरुष भी हमारे सामूहिक रोग के निदान के बारे में लगभग एकमत दिखाई देते है। आचार्य हजारीप्रसाद द्विवेदी ने एक जगह रवीन्द्रनाथ द्वारा मृत्यु से कुछ ही समय

पूर्व कही गयी बात का उल्लेख किया है जिसे मैं यहाँ आपके सम्मुख उद्धृत करने का लोभ संवरण नहीं कर पा रहा हूँ। रवीन्द्रनाथ कहते हैं कि... "भारतवर्ष में जो दुर्गति सर्वाधिक उग्रता से सिर उठाकर खड़ी है; वह केवल अन्न, वस्त्र, शिक्षा और आरोग्य का अभाव नहीं है; वह है भारतवासी के भीतर अत्यन्त नृशंस आत्म-विच्छेद—अलगाव की भावना।...यह विदेशी सभ्यता हमारा क्या लूट ले गयी है, यह मैं जानता हूँ...।" अब आप ही देखें कि रवीन्द्रनाथ की इस प्रतीति में और हिन्द स्वराज के द्रष्टा महात्मा गांधी की चिन्ता में क्या फर्क है? इतना ही नहीं, महात्मा गांधी जो अक्सर कहा करते थे कि "हिन्दुस्तान का यह संवेदनहीन बुद्धिजीवी वर्ग—'हार्ड-हार्टेड इंटेलिगेत्सिया'—मेरे लिए मेरे जीवन का सबसे लम्बा और सबसे विकट दुःस्वप्न है"—उस बात से भी क्या रवीन्द्रनाथ की मर्मोक्ति का मेल सहज ही बैठ जाता प्रतीत नहीं होता?

और, यदि इससे आगे स्वतन्त्रता-प्राप्ति के कुछ ही वर्ष पहले की हालत का जायजा लें, तो भी नहीं लगता कि जिस प्रबुद्ध वर्ग की और जिस 'कीमती निन्दा' की जरूरत का सवाल डॉ. छगन मोहता ने उठाया था, उस ज़रूरत को बुद्धिजीवी क्षेत्रों में तब भी उतनी ही उत्कटता के साथ अनुभव नहीं किया जा रहा था। 'त्रिशंकु' में अज्ञेय का पहला ही लेख इस ज़रूरत को जिस तात्कालिक तीव्रता के स्वर में उठाता है वह हमारी इस प्रतीति को ही पुष्ट करता है कि चूँकि साहित्य मनुष्य के समस्त सांस्कृतिक कार्यकलापों के बीचोबीच अवस्थित है, अतः बुद्धिजीवियों में भी साहित्यिक बुद्धिजीवी, अर्थात् आत्मालोचन की क्षमता से सम्पन्न साहित्य-सृष्टा की आवाज सबसे ज्यादा जिम्मेदार और विश्वसनीय आवाज हो सकती है: इसलिए, कि वह नितान्त समसामयिकता के नैतिक दायित्व से परिभाषित होती है और इसी कारण औरों से पहले ही प्रत्यासन्न सांस्कृतिक प्रदूषण के खतरे को सूँघकर उसका पता देने वाली। उस लेख में अज्ञेय कहते हैं—

"स्वस्थ संस्कृति में हम नागरिक को स्वतन्त्र छोड़कर आशा कर सकते हैं कि उसकी परिस्थिति से ही उसकी संस ति उत्पन्न और नियमित होगी। किन्तु आज यदि हम अपने जीवन के गौरव की रक्षा करना चाहते हैं तो हमें परखने और मुकाबला करने की शक्ति को संगठित करना होगा। हमें एक आलोचक राष्ट्र का निर्माण करना होगा। यह अतिरिक्त जागरूकता ही बचने का एकमात्र उपाय है।"

ध्यान देने की बात है कि यह सन् 1945 की बात है, जबकि देश आजादी की दहलीज पर खड़ा था और सत्याग्रह-युग की स्मृति एकदम धूमिल नहीं हुई थी। उस समय भी हमारा एक प्रतिनिधि कवि-आलोचक अपनी संस्कृति के बारे में शंकित है। क्यों? यदि संस्कृति, जैसाकि, हमारे एक समकालीन दार्शनिक चिन्तक

यशदेव शल्य का अभिमत है—"देश और काल में विकीर्ण मानव-व्यक्तियों को एकत्व देने वाला सामाजिक व्यक्तित्व" है, तो यह समझने में कठिनाई नहीं होनी चाहिए कि क्यों हमारे साहित्य के आधुनिक दौर के सर्वाधिक अग्रगामी सर्जक और विचारक को अपनी सांस्कृतिक अवस्था न केवल अस्वस्थ बल्कि संकटापन्न भी प्रतीत हो रही है और क्यों वह इस परिस्थिति का समय रहते प्रतिकार करने का साधन जुटाने के लिए इस कदर चिन्तित है। यह साधन उसकी दृष्टि में वही आलोचनात्मक शक्ति है, जिसे उसने 'परखने और मुकाबला करने की शक्ति' कहा है। परखने और मुकाबला करने की इस शक्ति को संगठित करना उसकी दृष्टि में उस काल के द्वारा खड़ी की गयी सबसे बड़ी चुनौती है, सबसे बड़ी आवश्यकता। ध्यान देने की बात है कि आलोचक-वृत्ति को यह महत्त्व यह आदमी दे रहा है, राष्ट्र-निर्माण में उसकी केन्द्रीय भूमिका को भी वह आदमी रेखांकित कर रहा है, जो मूलतः कवि है—एक समूचे काव्यान्दोलन का शलाका-पुरुष। टी.एस. एलियट ने कहीं लिखा है कि कवि अनिवार्यतया विचारक नहीं होता : विचारक होना उसका आपद्धर्म भले बन जाए; धर्म उसका वह नहीं है। किन्तु धर्म और आपद्धर्म कभी-कभी इतने पास आ जाते हैं कि उनकी सीमा रेखाएँ आपस में घुलने लगती है; और वैसे भी अपने यहाँ कवि वर्ग और चिन्तन को उस तरह अलगाने की ज़रूरत भी कहाँ महसूस की गयी? स्वयं एलियट का खुद का दृष्टान्त भी यही न सिद्ध करता है कि आज के युग में—मानव-संस्कृति की संकटापन्नता के युग में—कवि के लिए कवि बने रहने के लिए भी यह अतिरिक्त बौद्धिक जागरूकता कितनी दुर्निवार्य हो उठी है। हमारे कवि जयशंकर प्रसाद की तरह एलियट का भी यह जन्म शताब्दी वर्ष है : हम चाहें तो याद कर सकते है कि दोनों ने अपनी-अपनी जगह किस तरह अतीत और वर्तमान के आत्म-मंथन के भीतर से एक संकटापन्न संस्कृति को मिली चुनौती का रचनात्मक और आलोचनात्मक प्रत्युत्तर गढ़ा और किस तरह उनकी यह बौद्धिक जागरूकता और तुलनीय इतिहास-बोध सम्पन्न दृष्टि आगे आनेवालों के लिए भी प्रेरणादायी साबित हुई। इससे स्पष्ट है कि जब अज्ञेय ने तत्कालीन परिस्थिति में अतिरिक्त जागरूकता की जरूरत को रेखांकित किया तो वे निश्चय ही अपने पूर्ववर्ती के काम को ही आगे बढ़ा रहे थेः संकट के एक-दूसरे आयाम को उद्घाटित करते हुए और प्रसाद जी द्वारा प्रस्तुत दार्शनिक समाधान को अपर्याप्त अनुभव करते हुए। या यों कहें, कि अज्ञेय के सामने अपने समकालीन यथार्थ के अनुभव-संवेदन तथा संस्कारगत अस्तित्व के बीच की खाई जिस रूप में प्रस्तुत हुई, उसे पाटने के लिए उन्हें पारम्परिक दर्शन की ओर देखने की बजाय आधुनिक अनुभव और संवेदन का ही

सीधा सामना करना और उसी में से अपने रचनात्मक उन्मोचन का रास्ता निकालना अधिक सार्थक लगा। कहना न होगा कि जिस युग परिवेश में दार्शनिकता एक जीवन्त रचनात्मक क्रिया न रहकर सहज एक आत्म-तुष्टि का उनींदा अभ्यास-भर बनकर रह गयी हो, वहाँ संस्कार तथा संवेदना के बीच, श्रद्धा और बुद्धि के बीच जीवन्त सम्बन्ध स्थापित करने की चुनौती अनुभूति और आचरण के स्तरों पर ही सबसे प्रमुख हो उठती है। श्रद्धा भी तब समसामयिकता बौद्धिकता के भीतर से उत्तीर्ण होकर ही नया जन्म और नयी प्रमाणिकता पा सकती है। इसलिए आलोचक राष्ट्र के निर्माण की आवश्यकता का तर्क यदि रचनाकार के सिर पर चढ़कर बोलता था तो वह अकारण नहीं था, सर्वथा स्वाभाविक था। किन्तु क्या हम सचमुच उस आवश्यकता की पुकार का समुचित उत्तर दे सके?

यह तो नहीं कहा जा सकता कि परखने और मुकाबला करने की शक्ति के कहीं कोई लक्षण ही नहीं दिखाई देते : किन्तु वह संगठित शक्ति नहीं बन सकी है। हमारे एक वैज्ञानिक कवि और चित्रकार-नाटककार स्व. विपिन कुमार अग्रवाल कहा करते थे कि, "हमारे यहाँ विज्ञान, दर्शन और साहित्य के विशेषज्ञ गुटों के बीच परस्पर कोई संवाद ही नहीं होता और बुद्धिजीवी होने का मतलब साहित्यिक होना-भर रह गया है।" बिल्कुल ऐसी ही बात तो खैर, अब नहीं है, फिर भी जो संवाद घटित होना चाहिए, वह तो अभी भी एक सम्भावना ही है। मुझे यह भी लगता है कि विभिन्न अनुशासनों के बीच संयोजक की भूमिका यदि कोई सचमुच निभा सकता है तो वह या तो दार्शनिक ही निभा सकता है, या साहित्यकार ही। आकस्मिक नहीं है कि जब भी ऐसा समागम हो पाता है, अधिकतर साहित्यकार की पहल पर ही हो पाता है। उदाहरण के लिए, यह उल्लेखनीय है कि स्व. अज्ञेय त्रिशंकु' की उस प्रतिज्ञा को स्वयं अपने स्तर पर बराबर निभाते रहे। वत्सल-निधि के आयोजनों में वे लगातार कई बरसोंतक साहित्यकर्मियों के साथ-साथ दर्शन, जीवविज्ञान, चित्रकला, फिल्म और संगीत आदि के प्रतिनिधियों का भी सहयोग जुटाते रहे। यहाँ तक कि उनके तिरोभाव के अनन्तर भी सरिस्का में जो सम्मेलन आयोजित किया गया, उस संवाद में भी कवि, कथाकार, साहित्यालोचक, दार्शनिक, भाषा शास्त्री, चिकित्सक, धर्मतत्वज्ञ, मनोविश्लेषक, विधियेता, इतिहासज्ञ, समाज-विज्ञानी और संगीतवेत्ता सभी प्रवृत्तियों और वृत्तियों के लोग शामिल हुए थे। अन्तर-अनुशासनिक सेमिनार की अकादमिक औपचारिकता के निर्वाह की बजाय यहाँ प्रयोजन एक वास्तविक समाज और परिवेश के बीच काम करने के दौरान उपलब्ध वास्तविक जीवनानुभवों के भीतर से ही जीवन और कर्म के अर्थ और प्रयोजन की तलाश से उलझना था। कि, क्या जो वृत्ति या स्वकर्म आपने अपने

लिए चुना, उससे आपको व्यक्तिगत और सामाजिक परितोष मिला? किस तरह की कठिनाइयाँ और चुनौतियाँ आपने झेलीं और कैसे उनका सामना किया? ऐसा करते हुए कैसी मूल्य-दृष्टि आपने विकसित की और कैसे की? आपकी दृष्टि से मनुष्य के मतलब की सबसे गहरी चीज—मनुष्य-जीवन की सर्वोच्च सार्थकता—क्या है, इत्यादि...।

निश्चय ही ऐसे साहित्यकार बिरले ही होते हैं जो अपनी जमीन पर मजबूती से पैर जमाए रखकर दार्शनिक, भौतिकीविद् और मनोविश्लेषक की दुनियाओं से वास्तविक सहानुभूति और वास्तविक अभिज्ञता के आधार पर मुठभेड़ कर सकें और समग्र मनुष्य के विखंडन से सम्बन्धित वे बुनियादी सवाल उनसे पूछ सकें जो कोई और शायद उनसे नहीं पूछता। दार्शनिक अवश्य पूछ सकता है किन्तु दर्शनशास्त्र की आज जो हालत हो गयी है, उसे देखते हुए ऐसे मूलगामी और व्यापक दृष्टि वाले दार्शनिक भी बहुत विरल हो गये हैं और जो हैं भी, वे ऐसे आयोजनों में दिखाई नहीं पड़ते। यों तो साहित्यकार और दार्शनिक दोनों ही अपनी-अपनी विधाओं के विशेषज्ञ ही होते हैं किन्तु उनकी विशेषज्ञता का स्वरूप ही कुछ ऐसा है जो बाड़े नहीं बनाता, और समग्र दृष्टि से ही चलता है। यदि वे ही विशेषज्ञता के घेरों को नहीं तोड़ सकते और इन घेरों से ही उपजी मानव-समाज की व्यक्त-अवक्त दुश्चिन्ताओं को सामने नहीं ला सकते तो कहीं-न-कहीं वे अपनी केन्द्रवर्ती स्थिति के दायित्व से कतराते हैं और अपने-अपने स्वधर्मों को—साहित्य को और दर्शन को भी आधुनिक जीवन के हाशिए पर धकेले जाने के लिए खुद जिम्मेदार ठहरते हैं।

मैं पुनः उस 'अतिरिक्त जागरूकता' वाले आग्रहकी ओर पाठकों को आकर्षित करना चाहता हूँ, जो हमारी आज की परिस्थिति की भी उतनी ही बड़ी माँग है। अपने उसी लेख में अज्ञेय ने आगे लिखा था कि, "आज भी ऐसे अनेक कर्कश और बलिष्ठ स्वर हैं जो चिल्ला रहे हैं कि आर्थिक अवस्था का सुधार और सामाजिक वैषम्य का अन्त ही एकमात्र ध्येय है। साहित्य और कला भाड़ में जायँ—या रहें भी तो राजनैतिक उद्देश्यों की अनुचर होकर।" मेरा खयाल है हिन्दी साहित्य के वर्तमान परिदृश्य में इन कर्कश स्वरों की कर्कशता और अधिक बढ़ी ही है। जरा इस विरोधाभास पर गौर करें कि जो आर्थिक-राजनीतिक दर्शन स्वयं हिन्दी प्रदेश की राजनीति में जड़ें नहीं जमा पाया, पिछले पचास बरसों के दौरान, वह साहित्य के वर्तमान दौर में किस आत्म-भ्रामक तेवर के साथ मुखर है! लगता है मानो हम एक आमूलचूल क्रान्ति की दहलीज पर खड़े हैं और हमसे अधिक सामाजिक-संवेदना सम्पन्न कोई नहीं। जबकि कड़वी हकीकत यह है कि हम और

हमारा युवावर्ग भी अपनी चेतना में ही बेराजगार हैं : अपने घर, पड़ोस और व्यापक समाज के रोजमर्रा के जीवन में हमें कुछ नहीं करना है, कुछ नहीं बदलना है। अपने को तो खैर, हमें बिलकुल नहीं बदलना है क्योंकि इतना तो हमें रटा हुआ है कि यह अपने से आरम्भ करने की बात अथवा साधन की शुद्धता की बात तो मिथ्या आदर्शवाद और गलत 'आइडियोलॉजी' है। सही आइडियोलॉजी पाने के लिए न तो अपने निकट याद दूर के इतिहास की जानकारी चाहिए, न किसी विकट आत्म-संघर्ष से गुजरना ही उसके लिए ज़रूरी है। भले हमने 'हिन्द स्वराज' का नाम तक न सुना हो, भले हिन्दुस्तानी जीवन-धारा और विचारधारा पर लगाए गये यूरोपीय आक्षेपों का श्री अरविन्द द्वारा दिये गये मुँहतोड़ जवाब से भी हमारा कभी साबका न पड़ा हो, हमारे लिए इतना ही काफी है कि हमने 'कम्युनिस्ट मैनिफैस्टो' पढ़ रखा है। समझ में आता है कि क्यों सन् 1927 में हमारे एक प्रमुख दर्शनशास्त्री श्री कृष्णचंद्र भट्टाचार्य को 'हिन्द स्वराज' के ही वजन पर वैचारिक स्वराज का प्रश्न उठाने की जरूरत महसूस हुई होगी। आखिर कहीं-न-कहीं कुछ परजीवीपन तो है ही हमारे बौद्धिक आचरण में, जिसके चलते प्रतिबद्धता और जुझारूपन की सारी मुद्राओं के बावजूद साहित्य का यह दौर न केवल गुणवत्ता, बल्कि सम्प्रेष्यता के लिहाज से भी क्षीणतर साबित हो रहा है। साहित्य के पाठक भी यदि बढ़ने की बजाय घटते जा रहे हैं तो इसीलिए न कि शब्द की गूँज और समाई दोनों घटी है। अलावे इसके, जहाँ पहले के दौरों में समाज की अपनी स्वतः स्फूर्त पहल से निकलने वाली ऐसी पत्रिकाएँ थीं जिनमें लिखना और छपना कुछ माने रखता था, वहाँ आज हालत यह है कि एक भी ऐसी पत्रिका नहीं दीखती जिसके मानक सन्दिग्धता से बरी हों। जो पत्रिकाएँ नियमित निकलती हैं, वे भी इसीलिए नियमित निकल पाती हैं कि उन्हें सरकारी संरक्षण प्राप्त है।

साहित्यकार निश्चय ही अपने देश और समाज की राजनीतिक संस्कृति के निर्माण में भी अपना विशिष्ट योगदान कर सकता है। किन्तु तभी, जब वह स्वयं अपनी साहित्यिक संस्कृति के स्वास्थ्य का भी जतन कर पाने में सक्षम हो। साहित्यिक संस्कृति के स्वास्थ्य की बात संस्कृति के व्यापक क्षेत्र से जुड़ी हुई है जहाँ दार्शनिक चिन्तन का सहयोग अनिवार्य हो उठता है। दार्शनिक चिन्तन के स्तर पर आधुनिकता और परम्परा की टकराहट से उपजी समस्याओं का मूलगामी मंथन सम्भव है। किन्तु हमारी पीढ़ी के लेखकों में दर्शन के प्रति एक अजीब तरह की उदासीनता रही है जो मेरे ख्याल से हमें काफी महँगी पड़ी है। मैं यह नहीं कहता कि इस असंवाद की ज़िम्मेदारी पूरी तरह साहित्यिक बुद्धिजीवियों पर ही है। एक दार्शनिक संस्कृति के ठेठ आधुनिक प्रतिनिधियों के काम के प्रति—उनकी

चिन्ता के वर्तमान स्वरूप के प्रति यदि लेखकों में जिज्ञासा नहीं जागती तो इसका कारण यह भी हो सकता है कि दर्शनशास्त्री स्वयं पिछड़ गये हों, या कि उनकी समस्याएँ किसी भी बिन्दु पर साहित्य के सर्जकों-आलोचकों के सम्मुख प्रस्तुत होने वाली समस्याओं से न टकराती हों। किन्तु क्या सचमुच ऐसा है? उदाहरण के लिए, के.जे. शाह, प्रो. जे. एल. मेहता, डॉ. गोविन्दचन्द्र पाण्डेय और यशदेव शल्य जैसे कई नाम ध्यान में आ रहे हैं जिनका काम महत्त्वपूर्ण तो है ही, समकालीन रचनाकारों के लिए भी विचारोत्तेजक हो सकता है। किन्तु साहित्यिक क्षेत्रों में कभी भूले से भी उनका उल्लेख देखने में नहीं आता। इनमें से कम-से-कम तीन नाम तो ऐसे हैं ही, जिन्हें हिन्दी के लिए सुपरिचित होना चाहिए किन्तु ऐसा लगता नहीं। प्रो. मेहता का 'कविकर्म और चिन्तन' ही, मसलन, इस विषय पर हिन्दी में लिखी गयी सर्वप्रथम गम्भीर गवेषणा की पुस्तक है, किन्तु जहाँ तक मेरी जानकारी है, वह लगभग अलक्षित ही रही है। इसी प्रकार शल्यजी के ग्रन्थों में मनुष्य और जगत् विषय और आत्म, आत्म और इतिहास, कला-तत्त्व, संवाद, मूल्यान्वेषण और अर्थविवेक, इत्यादि जाने कितने ही विषयों पर गम्भीर दार्शनिक मीमांसा है जिन्हें यदि व्यापक चर्चा का धरातल मिले तो साहित्य के क्षेत्र में फैला हुआ बहुत सारा कुहासा छँट सकता है।

देखा जाए तो पश्चिम में भी दर्शन और साहित्य के बीच ऐसे असंवाद की स्थिति नहीं है। जैसाकि प्रसिद्ध समालोचक हैरल्ड ब्लूम ने एक जगह लिखा भी है—"समाज-शिक्षण के सांस्कृतिक परिदृश्य से जब दार्शनिकों ने हाथ खींच लिया तो साहित्य का आलोचक इस शून्य को भरने के लिए स्वयं आगे आ गया।" सोचने की बात है कि हमारे यहाँ इस मामले में वस्तुस्थिति कैसी है। हमारे परिवेश में बुद्धिजीवी होना भी उसी का सार्थक है जो आत्माजीवी पहले हो। मगर सवाल यह है कि जो अपनी संस्कृति के मूल शक्ति-केन्द्र से ही विच्छिन्न हो चुका है, वह उसका प्रतिनिधित्व भी कैसे करेगा? श्री अरविन्द की बात याद आती है कि "एक सामान्य यूरोपीय अपने मार्गदर्शक विचार दार्शनिक बुद्धि से नहीं किन्तु प्रत्यक्षवादी और व्यावहारिक बुद्धि से ही प्राप्त करता है। वह अपने दार्शनिकों की सराहना भले कर ले, उन पर विश्वास नहीं करता, जबकि इसके ठीक विपरीत, भारतीय मन की मान्यता यह है कि आध्यात्मिक सत्य का चिन्तक और द्रष्टा ही जीवन का सर्वोत्तम मार्गदर्शक होता है—न केवल धार्मिक-नैतिक जीवन का, बल्कि व्यावहारिक जीवन का भी।" परम्परागत भारतीय मानस के बारे में श्री अरविन्द की यह बात सोलहों आने सच है। किन्तु क्या आज के भारतीय मन के बारे में भी हम यह बात इतने ही आत्मविश्वास के साथ कह सकेंगे? यह सवाल बहुत

विचलित करने वाला है किन्तु इसका उत्तर हमें देना पड़ेगा। आखिर क्या बात है कि अपने देश के अभी हाल-हाल के विचारकों तक के साथ हमें वैसी नजदीकी महसूस नहीं होती जैसी विदेशी चिन्तकों के साथ होती है? अपनी समस्याओं पर सोचते हुए हमें नीत्शे या मार्क्स या इमर्सन तो फौरन याद आ जाते हैं पर श्री अरविन्द या गांधी उस तरह याद नहीं आते। क्यों? क्या हमें वास्तव में मार्गदर्शक विचारों की खोज नहीं है? याकि हमें अपना विचारक इसीलिए अजनबी-सा लगता है कि वह हमें अपने जैसा बुद्धिजीवी नहीं लगता—क्योंकि वह अपनी सारी बौद्धिकता के बावजूद 'आत्मा' की शब्दावली में अपनी बात कहता है—भले ही वह बात अपने-आप में कितनी ही तर्कसंगत क्यों न हो। मगर यदि ऐसा ही है, तो हम उस शब्दावली को, उस दार्शनिकता को अपने सारे अर्जित बौद्धिक पुरुषार्थ का जोर लगाकर बाकायदा एक निर्णायक चुनौती क्यों नहीं देते? अपने बुद्धिजीवन की इस बाधा को हमेशा के लिए क्यों नहीं उखाड़ फेंकते?

जीवन और जगत् के बारे में भारतीय मनीषा की जो भी ज्ञानात्मक उपलब्धियाँ और अनुभवसिद्ध मान्यताएँ रही हैं, उन्हीं को लेकर हमारे अधिकांश बुद्धिजीवियों में सर्वाधिक संशय दीखता है। काश, कि यह संशय भी उपजाऊ सिद्ध होता। किन्तु वह तो अपनी प्रश्नाकुलता की धार को कुन्द करने वाला संशय है। सत्य की ही नहीं, मूल्य की भी हमारी आज की कसौटियाँ वे नहीं हैं जो परम्परागत भारतीय जीवन-दर्शन से निकली हैं। किन्तु ऐसा भी नहीं है कि हमने सचमुच नयी कसौटियाँ गढ़ के उन्हें सचमुच अप्रासंगिक बना दिया हो। कारण केवल यही नहीं है कि दर्शन के क्षेत्र में मूलगामी चिन्तन की गति कभी से अवरुद्ध पड़ी रही। उसकी कुछ-न-कुछ क्षतिपूर्ति तो समय-समय पर प्रगट होते रहने वाले सन्तों और कर्मज्ञों ने की ही है। तब लगता है कहीं हमारी बुद्धिजीवन की कसौटी ही तो गलत नहीं? कहीं ऐसा तो नहीं कि संस्कृति के मूलाधार से ही अलग और बेमेल यह बुद्धि और उसकी उपज इसी बेमेलपन के कारण इस परिवेश में निष्प्रभावी हो जाती हो या अनिष्ठ परिणाम उपजानेवाली बन जाती हो। हजारों वर्षों के अनुभव से जिस मन का यह विश्वास बना हो कि अन्तिम सत्य आत्मा के ही सत्य हैं और वही हमारे आन्तरिक तथा बाह्य जीवन दोनों का सम्यक् निर्माण कर सकते हैं, उसके लिए इस नयी आत्मा-निरपेक्ष बुद्धि के निर्णयों को समझना-पचाना आसान नहीं हो सकता जिसके गुतात्विक सत्य के ज्ञान का अर्द्ध बौद्धिक अभिज्ञता ही है और मूल्यगत कसौटियाँ भी मन, प्राण और शरीर के स्तरों पर ही पाई जा सकती हैं। यूरोप की दृष्टि में तो अधिकांशतः अन्तिम सत्य तक प्रायः विचारणात्मक तर्कबुद्धि के ही सत्य होते हैं। क्या वहीं दृष्टि फिलहाल हमारी दृष्टि की भी सीमा

बन गयी नहीं प्रतीत होती? ऐसा भी नहीं कि हम बुद्धिजीवन की पश्चिमी परम्परा को ही आत्मसात् करके–उसके साथ जाने वाले दायित्त्व-बोध और अनुशासन को ही स्वायत कर सके हों। ऐसा भी नहीं कहा जा सकता कि हम अपनी संस्कृति में पड़ चुकी दरार की गहरी अनुभूति के कारण, उसके मूल्यों का पुनःमूल्यांकन करने की जरूरत में से ही एक बौद्धिक संस्कृति में दीक्षित होने की ऐतिहासिक अनिवार्यता अनुभव कर रहे हों और इस तरह प्रकारान्तर से अपनी प्राणशक्ति को ही जगाने का उपक्रम कर रहे हों। नहीं; शायद हम उस अर्थ में भी बुद्धिजीवी नहीं बन सके जो 'त्रिशंकु' के लेखक को तत्कालीन परिस्थिति में अभिप्रेत रहा होगा। बार-बार यही देखने में आता है कि हमारा तर्क हमें जहाँ तक ले जाता है, वहाँ तक जाने का जोखम भी हम नहीं उठाना चाहते। तब फिर हमारे बुद्धिजीवन की प्रामाणिकता क्या है?

संस्कृतियाँ आत्मावलम्बी भी होती हैं और, दूसरी ओर, अपने ऐतिहासिक विकास-क्रम में पारस्परिक आदान-प्रदान द्वारा अधिकाधिक अन्तरावलम्बन की ओर अभिमुख भी। अपने व्यक्तिगत जीवन के विकास-क्रम में भी क्या हम नहीं देखते कि अपने को जानने-पहचानने की प्रक्रिया से गुजरने के बाद ही दूसरे को आत्मवत् देखने-समझने की दृष्टि मिलती है। यह आकस्मिक नहीं है कि जिन्होंने 'आलोचक राष्ट्र के निर्माण' की और 'अतिरिक्त जागरूकता' की बात की, उन्हीं अज्ञेय को 'ममेतर' की अवधारणा को भी गम्भीरतापूर्वक लेने और उसे अपने जीवन-दर्शन का आवश्यक अंग बनाने की जरूरत भी महसूस हुई। किन्तु इससे यह भी स्पष्ट हो जाता है कि यह 'ममेतर' भी मानवीय पुरुषार्थ का ही विषय है; न कि ढुलमुलपन और आत्म-हीनता का। कोई संस्कृति यदि अपनी पहचान तक के लिए दूसरों द्वारा की गयी व्याख्या पर निर्भर हो उठे–दूसरों द्वारा दी गयी समझ और मूल्य-दृष्टि के परावर्तित प्रकाश में ही अपने को तथा अपने जीवन-मूल्यों को देखने की अभ्यस्त हो जाए, तो ऐसी हालत में उसका आत्म-बोध और आत्माभिव्यक्ति दोनों खंडित होंगे ही। तब ऐसी परप्रत्ययनेय बुद्धि को–औपनिवेशिक मानसिकता को–हम अनुवादजीवी संस्कृति न कहें तो क्या कहें?

आलोचना और आलोचक वृत्ति को किसी आलोचक ने ही हृदय की मुक्तावस्था के वजन पर 'बुद्धि की मुक्तावस्था' करके परिभाषित किया है। टी.एस. एलियट ने कहीं अरस्तू की मुक्त बुद्धि की सराहना करते हुए मुक्त बुद्धि की परिभाषा यह दी थी कि "मुक्त बुद्धि वह है जो पूर्णतः और समग्रतः जिज्ञासा को समर्पित होती है। हमारे यहाँ जिज्ञासा की इस वृत्ति को श्रद्धा के साथ जोड़कर देखा जाता रहा है:

'तद्विद्धि प्रणिपातेन परिप्रश्नेन सेवया।' दूसरे शब्दों में, हमारे यहाँ बुद्धि की मुक्तावस्था को स्वयं में साध्य बना लेने का आग्रह न होकर उसे भी एक साधन के रूप में देखने की प्रवृत्ति रही है। फ्री इन्टेलिजेन्स तो ठीक, मगर किसके लिए? निश्चय ही आत्मान्वेषण के लिए, आत्म-साक्षात्कार के लिए। अर्थात् बुद्धि की मुक्तावस्था बुद्धि की युक्तावस्था के साथ ही फलवती हो सकती है। यह अकारण नहीं कि जब हमारा समसामयिक दार्शनिक हमारे आज के वैचारिक, राजनीतिक और सामाजिक दिग्भ्रम के कारणों का विश्लेषण करने बैठता है तो इस परिणाम पर पहुँचता है कि इन सब कारणों का मूल कारण 'विचार को आत्म-बोधपूर्वक नियुक्त नहीं करना' ही है। 'हमारी राजनीतिक परिस्थिति' शीर्षक लेख में शल्यजी पाते हैं कि "स्वतन्त्रता के बाद से हम यूरोप के अन्धानुकरण में प्रवृत्त हो गये हैं और यह बात हमारी बोधहीनता और जड़ता की द्योतक है।" डॉ. छगन मोहता भी 'सामाजिक पुनर्रचना के आधारों' की बात करते थे तो जिस पहली जरूरत पर उनका ध्यान जाता था, वह था 'मूल्यों का पुनर्मूल्यांकन'। उनका कहना था कि जब बुनियादी पुरुषार्थों की पूर्ति नहीं हो तो पुरानी व्याख्या को चुनौती देना आवश्यक हो जाता है। मोहताजी ने इस तरह के पुनर्मूल्यांकन का दृष्टान्त देते हुए गांधीजी के प्रयोगों का उल्लेख किया था और कहा था कि वे सत्य को एक ऐसे क्षेत्र में ले आये जहाँ सत्य का कभी प्रयोग नहीं होता था। यानी, राजनीति के खुले मैदान में। किन्तु तब इसका मतलब यही निकला कि उस प्रयोग के घटित हो चुकने के बाद स्वतन्त्र भारत में राजनीति का विकास उसी रास्ते होना चाहिए था। क्या, वैसा हो पाया? हर संस्था के, हर चीज के राजनैतिकीकरण की जो विडम्बना हम भुगत रहे हैं, यह क्या उस सत्याग्रह की ही तार्किक परिणति कहीं जाएगी? श्री अरविन्द ने एक जगह लिखा है कि "स्वाधीनता, समानता और जनतन्त्र जैसे मूल्यों को हम मात्र इसलिए ग्रहण नहीं करते कि वे यूरोपीय हैं; बल्कि इसलिए कि वे मानवीय हैं और आत्मा के सामने फलप्रद दृष्टिकोण रखते हैं और मानव-जीवन के भावी विकास के लिए महत्त्वपूर्ण हैं।" श्री अरविन्द साथ ही यह भी नहीं भूलते कि "जनतन्त्र का विचार हमारे यहाँ भी किसी न किसी रूप में रहा था, भले हम उसे उसकी तार्किक परिणति तक नहीं पहुँचा सके।"

किन्तु यदि ऐसा है तो क्या जो दृश्य हमारे सामने इस वक्त है, उसे हम उपरोक्त अर्थ में फलप्रद और हमारे स्वधर्म का ही प्रस्फुटन कहेंगे? क्या यह 'विचार को आत्मबोधपूर्वक नियुक्त करना' कहा जाएगा। यदि नहीं, तो फिर वर्तमान व्यवस्था का विकल्प क्या है? श्री अरविन्द की तरह शल्य जी भी मानते हैं कि पीछे लौटना सम्भव नहीं है किन्तु वे यह प्रश्न उठाते हैं कि "क्या हमने

प्रजातन्त्रवाद के मूल में जो अनेक पूर्वमान्यताएँ हैं, उन पर सचमुच विचार कर लिया है याकि निर्विचार अनुकरण के आधार पर ही हम इसे राजनीतिक, सामाजिक, धार्मिक जीवन का सर्वोच्च मूल्य माने हुए हैं? एक समसामयिक दार्शनिक का यह प्रश्न क्या उन सबके भीतर प्रतिध्वनित नहीं होता जिन्हें अपने इस समाज का बुद्धिजीवी होने का दायित्व-बोध है? क्या हममें से अनेक लोग शल्य जी की तरह ही नहीं सोचते जिनके कथानानुसार "राज्य को नितान्त गौण स्थान देकर सामाजिक, शैक्षिक तथा आध्यात्मिक संस्थाओं को मुख्य स्थान देना चाहिए और इन संस्थाओं का मेरुदंड तथाकथित प्रजातान्त्रिकता नहीं होकर ज्ञान और विवेक होना चाहिए?" तब फिर जो लोग इस तरह नहीं सोचते, उनके तर्क क्या हैं? क्या यह सबसे जरूरी और सबसे बुनियादी बहस का विषय नहीं है? यहाँ पर यह प्रासंगिक लगता है कि एक दार्शनिक मौजूदा हालात को किस तरह देखता है और क्या उपाय या विकल्प सुझाता है, इस बारे में उसकी बात पाठकों के विचारार्थ पूरी तरह उद्धृत की जाए। उसी लेख में शल्य जी आगे लिखते हैं—

"यहाँ मैं यह स्वीकार करता हूँ कि मैं विकल्प के सम्बन्ध में पर्यापत स्पष्ट नहीं हूँ तो भी अभी इतना सुझाव अवश्य देना चाहता हूँ कि इस जनमतवाद का और राजनीतिक का संकोच तो तुरन्त कर देना चाहिए। उदाहरण के लिए शिक्षण-संस्थाओं में विद्यार्थियों और अध्यापकों की यूनियनें बिलकुल समाप्त कर देनी चाहिए...इसी प्रकार अन्यत्र भी सामाजिक और धार्मिक संस्थाएँ ही होनी चाहिए और राज्य को उनका आदर करना चाहिए। यह द्रष्टव्य है कि इन संस्थाओं पर जैसा कुठाराघात स्वतन्त्रता के बाद हुआ है वैसा उसके पहले कभी नहीं हुआ था। आर्थिक, सामाजिक और धार्मिक सभी प्रकार की संस्थाएँ राज्य से स्वतन्त्र थीं और परिणामतः लोकजीवन राज्य के नियन्त्रण से स्वतन्त्र था। हमें इन संस्थाओं को स्वतन्त्र विकसित होने देना चाहिए। इस तरीके से राजनीति का क्षेत्र और स्थान न्यूनतम करना सुलझाव का एक मार्ग है और पर्याप्त महत्त्वपूर्ण मार्ग।"

मेरा ख्याल है कई लोग इससे सहमत होंगे कि वर्तमान व्यवस्था की इस आलोचना में शल्यजी अकेले नहीं हैं। सन् 1978 में प्रकाशित अज्ञेय के 'स्रोत और सेतु' नामक अत्यन्त महत्त्वपूर्ण पुस्तक यदि आप देखें तो पाएँगे कि उनके और शल्य जी के एतद्विषयक विचारों में अद्‌भुत समानता है। सोचने की बात है कि यदि हमारे समय का एक चिन्तनशील साहित्यकार और एक प्रतिभाशाली दार्शनिक दोनों यदि हमारे रोग के निदान और उपचार के बारे में लगभग एकमत है तो उनके इस निदान और उपचार की उपेक्षा कैसे की जा सकती है? हो सकता है कि इनकी तरह सोचने वाले बुद्धिजीवी संख्या में उन बुद्धिजीवियों से अल्पतर

हों जिनके लिए हर मर्ज की दवा राजनीति और राजनीतिकीकरण ही हैं। किन्तु यदि हम ज्ञान और विवेक का प्रामाण्य स्वीकार करें तो यह तो मानना ही पड़ेगा कि देश के और संस्कृति के और समाज के हित में ऐसा अल्पमत ही निर्णायक होना चाहिए। ऐसा नहीं होता तो फिर आलोचक राष्ट्र के निर्माण की बात का कोई आधार, कोई औचित्य ही नहीं रह जाता। आलोचक राष्ट्र तो वैसे भी उस अल्पसंख्यक ज्ञान-विवेक सम्पन्नता से ही परिभाषित हो सकता है जिसे गीता के मुहावरे में 'श्रेष्ठजन' कहा गया है। डॉ. मोहता ने भी अपने उस 'सामाजिक पुनर्रचना के आधार' वाले व्याख्यान का उपसंहार गीता के इसी श्लोक से किया था; जिसके अनुसार 'समाज के श्रेष्ठजन जैसा आचरण करते हैं, इतरजन उन्हीं का अनुकरण करते हैं।'

अज्ञेय भी शिक्षा-संस्थाओं के राजनैतिकीकरण से उतने ही चिन्तित हैं, जितने शल्यजी। वे कहते हैं—"जैसे नागरिक सेवाएँ, वैसे ही शिक्षा सेवा भी राजनीति के अधीन होकर अस्त-व्यस्त हो रही है; ध्वस्त भी हो जाने को हैः पर देश भर के किशोर जीवन के साथ खिलवाड़ जारी है और कोई नहीं पूछता कि क्यों नहीं शासनों की नींद हराम होती, क्यों नहीं अपने नैतिक उत्तरदायित्व के बोझ से हमारे राजनीतिकों के सिर दबे जाते—क्या केवल इसलिए, कि उनके बच्चे विशेष अभिजातवर्गीय संस्थाओं में या विदेशों में शिक्षा पा सकते हैं?" अज्ञेयजी केवल शिक्षा के बारे में ही नहीं। अस्पतालों के बारे में, आवास-योजनाओं के बारे में, और इससे भी उत्कट रूप में हरिजन समस्या के बारे में भी यही प्रश्न उठाते हैं और पाते हैं कि "इस यथार्थ का सामना करने से सभी कतरा रहे हैं कि यह समूची राजनीति, समूची व्यवस्था और पूरे समाज का, बल्कि संस्कृति का कलंक है जिसे पूरे समाज का एक व्यापक सांस्कृतिक अभियान ही दूर कर सकता है।"

स्वयं साहित्य के राजनैतिकीकरण का जो अभियान बड़े जोशोखरोश से पिछले बीस वर्षों से चलाया जा रहा है, वह भी क्या इस व्यापक प्रदूषण का ही एक अंग नहीं? जब छात्रों और अध्यापकों की यूनियनजबाजी भी एक दार्शनिक की दृष्टि में सर्वथा अनिष्ट और निन्दनीय है तो लेखकों के प्रगतिशील और जनवादी संगठन उसके लिए कैसे अभिनन्दनीय होंगे! अज्ञेय भी तो इसी परिणाम पर पहुँचते हैं कि "अन्याय का मुकाबला करने का बल साहित्य की राजनैतिक प्रतिबद्धता से नहीं, बल्कि किसी भी प्रतिबद्धता के अस्वीकार से आता रहा है।... रचनात्मक कर्म के लक्ष्य राजनीति से बड़े होते हैं और इसलिए दमन के युग में जो रचनाएँ बच जाती हैं, वे वही रचनाएँ होती हैं जिन्होंने केवलमात्र राजनैतिक प्रतिबद्धता के कारण अपने को पंगु या वेध्य नहीं बना लिया होता। उनकी प्राणवत्ता का स्रोत राजनीति

से कहीं बड़ा और गहरा होता है: राजनीति उस गहराई तक पहुँच ही नहीं पाती कि उसे अवरुद्ध कर सके। और वही स्रोत है जिसकी हमें फिर से पहचान करनी है, जिसमें अवगाहन करके नया बल पाना है।"

तो, क्या है वह स्रोत जिसकी हमें फिर से पहचान करनी है, जिसमें अवगाहन करके नया बल पाना है? स्व. विजयदेवनारायण साही ने कहीं लिखा है कि आज विश्व के सामने जो सबसे बड़ी समस्या है, वह 'त्रासजनित विवेक को पावनताजनित विवेक में बदलने' की है। साहीजी समूचे विश्व के सन्दर्भ में सोचने वाले कवि-आलोचक थे और इस विराट् फलक पर ही भारतीय सर्जना और चिन्ता की एक सही भूमिका उन्हें दीखती थी। क्या हिन्दी की आज की कविता और आलोचक-बुद्धि अपनी भूमिका को इस स्तर पर पहचानती है? स्वतन्त्रता के बाद के बीस बरसों की साहित्यिक गतिविधि को देखें तो स्पष्ट दीखता है कि इस साहित्य में देसी सोच के बलबूते ही आधुनिक भाव-बोध को आन्तरिक प्रतिरोध सामर्थ्य के साथ, आत्म-बोधपूर्वक आत्मसात् करने की छटपटाहट है; आत्मालोचन और आत्म-विद्रूप की स्थितियों को झेलते हुए भी एक किसी कदर टिकाऊ आत्म प्रत्यय की तलाश है। यह भी स्पष्ट है कि इस साहित्य की मुख्यधारा में साहीजी सरीखे समाजवादी दृष्टि से प्रेरित कवि-आलोचक प्रतिभाओं का प्राधान्य है। अब आज की तारीख में ऐसा प्रतीत होता है कि इस समाजवादी देसी चिन्तन का भी निर्मम पुनर्मूल्यांकन आवश्यक हो उठा है। इस प्रश्न का उत्तर देना ही होगा कि गांधी जी के वास्तविक राजनीतिक-बौद्धिक उत्तराधिकारी आखिर कहाँ चूके और क्यों? उनके चिन्तन और कर्म की कमज़ोर कड़ियाँ क्या थीं या क्या है? क्या अपने समाज-दर्शन में वे उस मूल्य-दृष्टि से वास्तव में प्रेरित थे जो सत्याग्रह या गांधीजी के अभिलषित 'तेन त्यक्तेन भुंजीथाः 'वाले आदर्श में निहित है? इस देश की परम्परा और लोकचित्त की उनकी अपनी व्याख्या क्या थी और वह मार्क्सवादी व्याख्या और समझ से किस मानी में भिन्न और विलक्षण थी? क्या वे गांधी जी के कर्म और सोच के दार्शनिक आधारों के बारे में स्पष्ट थे और उसे यथावत् स्वीकारते थे? गांधी के अतिरिक्त जो अन्य विचारक थे—मसलन श्री अरविन्द, उनके प्रति उनका मनोभाव क्या था? क्या वे उसमें पुनर्विचार की ज़रूरत महसूस करते हैं? क्या कारण है कि इन समाजवादी लेखकों में कुछ लोग बौद्ध धर्म-दर्शन के गहरे अध्ययन में प्रवृत्त हुए और इतने गहरे डूब गये कि अन्ततः राजनीतिक और साहित्यिक कर्म से ही विरत हो गये? जिस जनमानस की राजनीतिक दीक्षा अभी हाल के इतिहास की घटना है और जिस दीक्षा का श्रेय मुख्यतः ऐसे लोगों को जाता है जो मूलतः धार्मिक (और, इसीलिए धर्म-निरपेक्ष) थे, उस जनमानस को

नेतृत्व देने में ये समाजवादी क्यों सफल नहीं हो सके? और जब किसी सीमा तक सफल भी हुए तो उस सफलता को सम्हाल क्यों नहीं सके? सबको साथ लेकर चल सकने की गांधी वाली प्रतिभा की विरासत का क्या हुआ? स्वयं साहीजी ने सत्याग्रह-युग में जिस स्नायविक दुर्बलता के लक्षण देखे हैं, क्या समाजवादी आन्दोलन उन लक्षणों से मुक्त था? जिस सर्वग्रासी राजनैतिकीकरण के ऊपर हमने अपने समाज को एक बड़े रोग के रूप में पहचाना था, उस सार्वजनिक दुर्घटना की जिम्मेदारी से क्या वे सर्वथा मुक्त किये जा सकते हैं?

फिर भी, यह समाजवादी आन्दोलन यदि अपनी सारी त्रुटि और अस्पष्टता के बावजूद रचनात्मक साहित्य और आलोचनात्मक ऊर्जा दोनों के साथ एक सार्थक और फलप्रद सम्बन्ध बना सका, तो इसलिए, कि वह साहित्य को अपने कर्म की क्षतिपूर्ति या उपजीव्य या हथियार कभी नहीं मान सका। इसलिए भी, कि वह रचनात्मक और आलोचनात्मक शब्द की शक्ति को पूरी तरह पहचानते हुए उसकी स्वायत्त गरिमा का सम्मान करता था और साहित्य के भीतर अपनी शाखा खोलना और गिरोहबन्द अभियान चलाना उसे गर्हित लगता था। यह आकस्मिक नहीं, कि हिन्दी के जिन लेखकों में अपने समाज की सही पहचान, सही आलोचना, बदलाव की सही तड़प के साथ उसके स्वभाव की भी गहरी समझ दिखाई पड़ती है, उनमें से अधिकतर समाजवादी आन्दोलन से संवेदित थे और यह भी निरा संयोग नहीं कि रचनाशीलता की दृष्टि से भी वही सबसे उर्वर और दीर्घायु भी साबित हुए। किन्तु यह भी उतना ही सही है कि उनमें से किसी ने भी अपने समाज की शक्ति और अशक्ति का, उसके आन्तरिक द्वन्द्व और सम्भावनाओं का कोई विराट् साक्षात्कार नहीं प्रस्तुत किया। तब फिर यह प्रश्न मन में उठेगा ही कि यह समाजवादी चिन्तन अपनी खुराक जिस स्रोत से खींचता था, क्या वह स्रोत भारतीय चित्त की गहराई में बहुत भीतर तक जाता है? उसकी तात्त्विक पहचान क्या है।

सवाल गांधीजी की विरासत का नहीं है : सवाल उस संयुक्त विरासत का है जो गांधी और अरविन्द जैसे के मेल और टकराहट से बनती है। यदि वह द्वन्द्व था तो एक वास्तविक और रचनात्मक द्वन्द्व था। जबकि जो हम भोग रहे हैं, वह द्वन्द्व का नहीं, घालमेल का नतीजा है। दो असमंजस मूल्य-दृष्टियों और जीवन-दृष्टियों के जैसे-तैसे घालमेल से जो खच्चर सरीखा बाँझपन पैदा हो सकता है, उसे हम क्या कहेंगे? रचनात्मक द्वन्द्व से मूल्यमूढ़ता नहीं, मूल्यान्वेषण की तेजस्विता प्रकट होती है। हमारे वास्तविक सद्गुणों को हमारे भीतर ही पातालवास दे देने वाली और हमारी निकृष्टतम प्रवृत्तियों को ही उघाड़ने-उभारने वाली इस आरोपित नकलची

उपभोक्तावादी सभ्यता ने हमारे वयस्कों और युवाओं को एक-सा सिनिकल बना दिया है। इसी सिनिसिज़्म, इसी मूल्यमूढ़ उदासीनता के चलते हमारे जीवन के हर क्षेत्र में समाज की स्वतःस्फूर्त पहल का ह्रास हुआ है और सरकारी हस्तक्षेप हर जगह आमन्त्रित किया जाने लगा है। वास्तव में जो समाज अपने सबसे जागरूक प्रतिनिधियों के जरिये—ज्ञान और विवेक के प्रहरियों के जरिये—समसामयिक हलचलों पर प्रतिक्रिया करना बन्द कर देता है—जिसकी आलोचनात्मक सत्ता का दबाव तो क्या, उपस्थिति तक महसूस नहीं की जाती, उसका मूल्य-बोध क्या है, यह कौन तय करेगा? तब फिर मूल्यमूढ़ता के इस शून्य में सरकार ही सरकार घुस आये या विदेशी संस्थाएँ घुस आयें तो इसमें अचरज की बात क्या है? क्या हमने नहीं देखा कि तथाकथित गैर-सरकारी संस्थाओं में कार्यरत बुद्धिजीवियों का आचरण और चिन्तन भी तो ऐसा नहीं रहा है जिसे समाज-सत्ता की आवाज मानकर भरोसा किया जा सके। हमारे विश्वविद्यालयों का ही हाल देख लें : उनकी स्वायत्तता और गुणवत्ता के उत्तरोत्तर ह्रास के लिए क्या कोई दूसरे लोग जिम्मेदार हैं? स्वयं उनमें कार्यरत बुद्धिजीवी ही नहीं? राष्ट्रीय महत्त्व के बुनियादी मुद्दों को लेकर क्या कभी इस वर्ग की चिन्ता का कोई संगठित स्वर कभी सुनाई पड़ा है? आलोचक राष्ट्र के निर्माण में क्या इनकी कोई भूमिका नहीं हो सकती थी? किन्तु क्या ऐसी भूमिका निबाहने की तैयारी का कोई लक्षण इनकी गतिविधियों से आज तक झलका है? ऐसी हालत में यदि परोपजीवी पुण्यात्मापन के बलबूते पर ही सामाजिक और नैतिक बने हुए लोग अपने तथाकथित क्रान्तिकारी दर्शन की आचार-संहिता के तहत ही तमाम विश्वविद्यालयों के शिक्षक या छात्र संगठनों में और तमाम सरकारी और गैर-सरकारी संस्थाओं में घुसपैठ करते हुए समाज और संस्कृति के उद्धार का बीड़ा उठाने लगें, तो उन्हें रोकने-टोकने वाला—यहाँ तक कि उनके द्वारा फैलाए जा रहे बौद्धिक और नैतिक प्रदूषण को पहचानने वाला भी कौन बचेगा?

मैंने ऊपर संकेत किया था कि यदि आज के औसत भारतीय बुद्धिजीवी का बुद्धिजीवन अपनी असली पूँजी पर पकड़ खो रहा है तो इस असमर्थता का एक लक्षण और कारण दर्शन के प्रति उसकी विरक्ति भी है ही। दर्शन की इस अप्रतिष्ठा ने हमारी ज्ञानात्मक संवेदना को तो विकृत और कुण्ठित किया ही है, साथ ही उसने हमारे जीवन के गुणाधारों को भी क्षति पहुँचाई है। मौलिक मूल्य चिन्तन और वस्तुचिन्तन के अभाव में हम एक ऐसे पैमाने से अपनी जीवन-धारा और अपनी उपलब्धियों को भी मापने के आदी होते जा रहे हैं जो वास्तव में एक भ्रामक पैमाना है। इस तरह हम अपने ही अन्तर्जीवन से और अपने परिवेश की

वास्तविकताओं से भी कटते चले जाते हैं। इस तरह हम अपने वास्तविक गुणों को दुर्गुण और दुर्गुणों को गुण समझने लगते हैं। इतना ही नहीं, हम जो कुछ भी अपनी इस उलटी खोपड़ी पर उपजाते हैं, उसका समर्थन-मूल्य भी हम अपने समाज से नहीं, बाहर से ही प्राप्त करना चाहते हैं। यह शायद स्वाभाविक भी है; क्योंकि हम अपनी अन्तरात्मा में गहरे कहीं अनुभव करते होंगे कि हमारी यह उपज हमारे अपने लोगों के बहुत काम की भी नहीं है और उनकी सांस्कृतिक कदो-कामत को एक सूत भी बढ़ाने वाली नहीं है। पता नहीं क्यों, हम इस बहुत मामूली तथ्य को भी अनदेखा कर देना चाहते हैं कि दुनिया भी उसी की कद्र करती है जो अपनी और अपनों की कद्र करना जानता है और अपने समाज और संस्कृति का सच्चा प्रतिनिधित्व करता है। मगर सवाल तो यही है कि जो अपनी संस्कृति के शक्ति-केन्द्र से ही जाने-अनजाने नाता तोड़ चुका है, वह उसका प्रतिनिधित्व भी कैसे करेगा? सारी सार्थक रचना और आलोचना तो जाने-अनजाने वहीं से होती है।

इसलिए तात्कालिक आवश्यकता इस समाज में ही अन्तर्निहित किन्तु दबी घुटी मूल्य-दृष्टि को ही उभारने-जगाने की है। जैसा कि अभी हाल में अन्ना हजारे ने कर दिखाया। यह काम वे कर सकते हैं जो अराजनीतिक भले न हों, किन्तु मूल्यों से जुड़ी हुई राजनीति का पुनर्वास चाहते हों और इसके लिए जनमत जागृत करने की जरूरत भी समझ रहे हों। उन्हें समाज-नियामक स्थलों पर आसीन अपने भीतर के बुद्धिजीवियों के कार्यों का भी आलोचनात्मक आकलन करना चाहिए। हाँ, सब बुराइयों का इलाज राजनीति से ही हो सकता है, इस अनिष्ट मोह से खुद अपने को और दूसरों को भी मुक्त करना होगा। राजनीति को उसकी सही जगह में, सही औकात में रचना आज की सबसे बड़ी चुनौती है। यह अकारण नहीं, जैसा कि हमने लक्ष्य किया कि हमारे आज के सर्वाधिक प्रबुद्ध और दायित्वबोध सम्पन्न चिन्तक—चाहे वे साहित्य के क्षेत्र के हों, चाहे शुद्ध दर्शन के क्षेत्र के—इस सब कुछ के राजनैतिकीकरण की सर्वग्रासी प्रवृत्ति को सर्वथा अनिष्ट मानते हैं। हमें उनके विवेक को, उनकी चेतावनी को अनदेखा करने के दुष्परिणामों को अब अच्छी तरह समझ लेना चाहिए।

आशा का आधार यही है कि आज बुद्धिजीवी हलकों में थोड़ी हलचल जरूर पैदा हो रही है। वैचारिक स्वराज की बहस को आज के जीवन-सन्दर्भों के बीचों-बीच फिर से उठाए जाने की नौबत भी आ चुकी है। यह एक शुभ लक्षण है और यह बहस हर क्षेत्र में, हर तबके तक फैलनी चाहिए। किन्तु ख़ाली बहस नहीं। उन लावारिस से लगने वाले—किन्तु अभी तक कहीं न कहीं जीवित-मूल्यों

को ठोस वैचारिक और आचरणगत आधार भी मिलना चाहिए। उनकी ओर से नहीं, जो खुद अपसंस्कृति के लालाच और होड़ और नकल और फूहड़ प्रदर्शन की प्रवृत्ति के निर्माता और उपभोक्ता हैं, बल्कि उनकी ओर से, जो गांधी जी के ही नहीं, गांधी और श्री अरविन्द के, गांधी और रवीन्द्रनाथ के, गांधी और नेहरू के बीच के रचनात्मक द्वन्द्व के सीधे उत्तराधिकारी हैं। उन्हें अपने चिन्तन और कर्म के गहरे दार्शनिक और धार्मिक आयामों से जूझना पड़ेगा। युवा शक्ति का रचनात्मक प्रयोग न कर पाने की अपनी अक्षमता को स्वीकारते हुए उन्हें अब तक के तरीकों से सर्वथा भिन्न तरीके खोजने होंगे। हमें बुद्धिजीवी मंडलों के सर्वाधिक तेजस्वी और जागरूक प्रतिभाओं को पहचानने और उन्हें पारस्परिक क्रिया-प्रतिक्रिया के एक प्रभावशाली वृत्त में खींचने का कार्य भी करना होगा। इसी पहल के फलस्वरूप हमारे समाज का बौद्धिक और भावनात्मक शोषण करने वालों का दुश्चक्र भी टूटेगा। अन्ततः समूचे समाज और संस्कृति की ओर से अपने स्वार्जित ज्ञान और विवेक के बलबूते सोचने वाला ही बुद्धिजीवी कहलाता है; समाज की किन्हीं अमूर्त और उधारी की अवधारणाओं को लेकर जुआ खेलने वाला नहीं।

❑❑